本书系国家社科基金重大研究专项"'一带一路'沿线国家信息数据库"（项目批准号：17VDL001）成果。

智库 中社

国家智库报告 2020（5）
National Think Tank

人大国发院·国别研究系列

"一带一路" 投资友好指数报告（2019）

戴稳胜　罗　煜　著

ANNUAL REPORT ON THE "THE BELT AND ROAD"
INVESTMENT-FRIENDLY INDEXES 2019

中国社会科学出版社

图书在版编目(CIP)数据

"一带一路"投资友好指数报告.2019／戴稳胜,罗煜著.—北京:中国社会科学出版社,2020.1

(国家智库报告)

ISBN 978-7-5203-5860-6

Ⅰ.①一… Ⅱ.①戴…②罗… Ⅲ.①投资环境—研究报告—世界—2019 Ⅳ.①F112

中国版本图书馆 CIP 数据核字(2019)第 291963 号

出 版 人	赵剑英
项目统筹	王 茵
责任编辑	喻 苗
责任校对	郝阳洋
责任印制	李寡寡

出 版	中国社会科学出版社
社 址	北京鼓楼西大街甲 158 号
邮 编	100720
网 址	http://www.csspw.cn
发 行 部	010-84083685
门 市 部	010-84029450
经 销	新华书店及其他书店

印刷装订	北京君升印刷有限公司
版 次	2020 年 1 月第 1 版
印 次	2020 年 1 月第 1 次印刷

开 本	787×1092 1/16
印 张	10.75
插 页	2
字 数	105 千字
定 价	58.00 元

凡购买中国社会科学出版社图书,如有质量问题请与本社营销中心联系调换
电话:010-84083683

总　序

许勤华*

中国人民大学国家发展与战略研究院"一带一路"研究中心集中国人民大学国际关系学院、经济学院、环境学院、财政金融学院、公共管理学院、商学院、社会与人口学院、哲学院、外国语学院和重阳金融研究院的相关人文社科优势学科团队，由许勤华教授、陈甬军教授、王义桅教授、王文教授、戴稳胜教授和王宇洁教授六位首席专家领衔，与中心其他成员共二十位研究员一起，组成了中国人民大学国家高端智库领导下的全校"一带一路"研究的整合平台和跨学科研究团队。

团队围绕"一带一路"建设与中国国家发展、"一带一路"倡议对接沿线国家发展战略、"一带一

---

* 许勤华，项目执行组长，中国人民大学国际关系学院教授，中国人民大学国家发展与战略研究院副院长、"一带一路"研究中心主任。

路"倡议与新型全球化、"一带一路"倡议关键建设领域四大议题（基础设施投资、文明互鉴、绿色发展、风险治理、区域整合）展开研究。致力于构建"一带一路"沿线国家信息数据库，并在大数据基础上，深入分析沿线国家政治、经济、社会和环境变化，推出"一带一路"智库丛书年度国别系列，为促进"一带一路"建设夯实理论基础、提供政策制定的智力支撑。国别报告对"一带一路"沿线关键合作的 64 个对象国进行分类研究，规划为文化系列、安全系列和金融系列三类。

习近平主席倡导国与国之间的文明互鉴，强调了文化共融是国际合作成败的基础，深入了解合作国家的安全形势是保障双方合作顺利的前提，资金渠道的畅通是实现"一带一路"建设共商、共建、共享的关键。鉴于目前中国面临世界百年未有之大变局，"一带一路"倡议面临着巨大的机遇与挑战，因此我们首先完成国别研究的安全系列，希冀为"一带一路"合作保驾护航。在国家社科基金重大项目"'一带一路'沿线国家信息数据库"（项目组长为刘元春教授）完成后，数据库将在条件成熟时，尝试以可视化形式在国发院官网呈现。这也是推出国别报告正式出版物的宗旨。国发院积极为国内外各界提供内部政策报告以及产学研界急需的社会公共研究产品，是中国人民大学作为"世界一流大学"为国家社会科学建设贡献的一分力量。

感谢全国哲学社会科学工作办公室的信任，感谢项目其他两个兄弟单位上海社会科学院和兰州大学的协作，三家在"一带一路"建设重大专项国别和数据库项目研究中通力合作、充分交流，举办了各类学术交流活动，体现了在全国哲学社会科学工作办公室领导下一种成功的、新型的、跨研究机构的合作研究形式，中国人民大学能够作为合作研究的三家单位的秘书处单位深感荣幸。

前　言

2015 年 3 月 28 日，中国政府颁布了《推进丝绸之路经济带和 21 世纪海上丝绸之路的愿景与行动》，强调了"加快投资便利化进程，消除投资壁垒"。目前很多研究围绕着"投资便利化"进行了大量讨论，但这些研究既未深入探讨不同国家的对外直接投资（FDI）需要的经济、法律与社会环境，也没有对必要的政治环境加以探讨。以全球经济最为发达、投资最为便利的美国为例，中国对美投资近年来连续遭遇挫折，其投资挫折主要并不来自经济、法律环境，而是所谓"国家安全"等非贸易壁垒因素，近期更是遭遇贸易战的直接冲击。

因此本报告以"投资友好度"为主题，构建一套系统的投资友好性测度指标体系，准确度量测算"一带一路"沿线各国及"一带一路"区域外发达国家与发展中国家的投资便利化程度与友好水平，揭示投资友好度的国别差异。投资友好度的测度，有利于深刻把握各国投资友好程度的主要影响因素，便于有的放矢推进投资友好度进程，对于"一带一路"沿线各国及区域外发达国家和发展中国家加强投资友好合作具有重要意义。

"一带一路"投资友好指数（BRIFI）由宏观环境（BRIME）、人力资源（BRIHR）、基础设施（BRICC）、制度环境（BRIIE）、金融服务（BRIFS）、国际交往（BRIIC）六个维度组成，力求建立更全面的体系化框架，从而准确度量测算"一带一路"沿线各国投资便利化程度与友好水平。

本报告主体部分包括八章。第一章介绍了本报告的背景与必要性、指数设计原则、指数框架构成及指数编制方法，以及数据无量纲化和指标权重确定、分指数与指数的计算。指数框架构成以生产函数理论分析为基础，结合近年来相关研究及国际关系的深刻变化而设计；数据的无量纲化，是通过数据变换来消除原始变量（指标）的量纲影响。报告中我们针对数量指标，提出了正、逆指标无量纲化计算公式；针对域型指标提出中间型、区间型指标无量纲化；针对定性指标规定了不同类别的取值，并依据偏大型柯西分布和对数函数对取值进行标准化。给定指标数值的计算结果之后，指数的构建需要在上述结果的基础上对不同指标赋予合理的权重。权重值的确定可能引起被评估对象优劣顺序的改变，进而直接影响综合评估的结果，因此，这一环节在指标评估中至关重要。我们在报告中介绍了专家打分法、层次分析法、主成分分析法、VAR脉冲响应方法以及动态模型选择的时变向量自回归（TVP-FAVAR）模型法在确定权重时的具体步骤，对各方法的科学性进行了说明。第一章的内容主要是对本报告研究方法的阐述，也是对指数设计合理性的说明。

第二章至第八章分别详细地给出了"一带一路"沿线国家投资友好性指数及各分指数的最终计算结果。报告首先给出沿线各国投资友好指数总指数的构成以及各国得分与分析，进而从六个维度构建了"一带一路"投资友好指数的分指数及其指标体系，即宏观环境友好指数、人力资源友好指数、基础设施友好指数、制度环境友好指数、金融服务友好指数、国际交往友好指数六大分指数，并计算了各分指数指标对应的权重与分指数得分。在计算这些指数得分的基础之上，从静态与动态两个角度对其特征进行了分析。整个报告试图基于可靠的数据来源、科学的指标体系，对"一带一路"相关国家投资友好性进行翔实而富有深度的刻画，以对"一带一路"相关投资决策提供一定的帮助。

随着"人类命运共同体"倡议的提出，"一带一路"倡议目标的落实已不再局限于"一带一路"沿线国家，其基本原则同样适用于全球各国。同时，"一带一路"投资友好指数的指导思想、设计原则、计算方法及结果，同样适用于中国企业对"一带一路"以外其他国家的投资考察。因此本报告以"'一带一路'投资友好指数 BRII"的方法，分别针对"一带一路"区域外发达国家与区域外发展中国家，计算了同样的 BRII 指数值，并列于报告的附录中，其中附录一为"一带一路"区域外发达国家各指数值，附录二为"一带一路"区域外发展中国家各指数值。因为区域内国家、区域外国发达国家与区域外发展中国家的指数设计理论基础、设计框架、权重计算、指数合成等均为统一的技术架构，因此本报告重点以"一带一路"区域内国家为基础，对设计原则、各国得分作了重点报告，区域外发达国家与区域外发展中国家，则仅重点给出了各分指数与指数得分及简单的分析结果。

根据研究发现，对于发展中国家而言，无论是区域内还是区域外，影响"一带一路"投资友好性的最重要的因素是基础设施、人力资源和制度环境，这给中国对"一带一路"国家直接投资提供了一个事前评估的角度，是一个良好的视角和参考。而对于发达国家而言，由于其基础设施早已相对成熟，影响其投资友好指数得分的，主要是人力资源、制度环境与金融环境。

摘要：2015 年 3 月 28 日，中国政府颁布了《推进丝绸之路经济带和 21 世纪海上丝绸之路的愿景与行动》，强调了"加快投资便利化进程，消除投资壁垒"。很多学者对"投资便利化"进行了大量讨论，但一方面，这些讨论大多集中于贸易便利化；另一方面，在当前形势下，除各种制度与硬件环境外，国家间的关系也会成为影响投资顺畅与否的重要因素。因此本报告提出了"投资友好性"概念，设计了一套指标体系对此加以度量并合成最终的投资友好指数，对各国投资友好性进行了量化测度，供中国"一带一路"沿线各国投资者做参考。

本报告首先基于生产函数设计了一套科学、动态、可调整的指标体系，包括宏观环境、人力资源、基础设施、制度环境、金融服务、国际交往六个维度，说明各种定性、定量数据的标准化方法，然后介绍了专家打分法、层次分析法、主成分分析法、VAR 脉冲响应方法以及动态模型选择的时变向量自回归（TVP-FAVAR）模型法等确定权重的方法与步骤。随后以指标数据为基础，基于数据标准化与权重确定方法，计算了宏观环境友好指数、人力资源友好指数、基础设施友好指数、制度环境友好指数、金融服务友好指数、国际交往友好指数六大分指数的指数权重与分指数得分，进而得到"一带一路"沿线各国投资友好指数。

随着人类命运共同体倡议的提出，"一带一路"倡议目标的落实已不再局限于"一带一路"沿线国家，其基本原则同样适用于全球各国。因此本报告基于"一带一路"投资友好指数的指导思想、设计原则、计算方法及结果，对"一带一路"区域外发达国家与发展中国家，同样计算了六大分指数与投资友好总指数，作为附录列在正文之后。

指数计算与研究结果表明，对于发展中国家而言，无论是区域内还是区域外，影响"一带一路"投资友好性的最重要的因素是基础设施、人力资源和制度环境，而发达国家则由于基础设施已相对成熟，影响其投资友好指数得分的，主要是人力资源、制度环境与金融环境。以上结果给中国对外直接投资提供了一个事前评估的优良视角与参考。

此外，在研究过程中发现，不同指标有缺失数据的国家不一样，如果将有缺失数据的记录按国家删除，对现有信息将是一种损失。为了保持既有数据的参考价值，本报告列出了有数据支持的所有国家，所以会出现不同指标统计的国家数量不同。

关键词："一带一路"；投资友好性；友好指数

Abstract: On March 28, 2015, the Chinese government issued the document "Vision and Action for Promoting the 'Belt and Road'", emphasizing "the acceleration of investment facilitation and the elimination of investment barriers". Nowadays, researches have made quite a lot discussion on "investment facilitation". However, on the one hand, many of these discussions focus on trade facilitation. On the other hand, in the current situation, in addition to various systems and hardware environment, the relationship between countries will also become an important factor affecting the smoothness of investment. Therefore, this study proposed the concept of "investment friendliness", designed a set of index system to measure and synthesize the investment friendliness index, and carried out quantitative measurement on the investment friendliness of various countries, for the reference of China's investors in countries along "the Belt and Road".

This paper design a set of scientific, dynamic and adjustable index system based on the production function to measure "investment friendliness", which including six sub-indexes such as Macro Environment, Human Resources, Infrastructure Construction, Institutional Environment, Financial Services and International Communication, then the paper shows various standardized methods for qualitative and quantitative data, and introduces the weight-determine methods such as expert scoring method, analytic hierarchy process (ahp) and principal component analysis (pca), choice of VAR impulse response method and the dynamic model of vector autoregressive (TVP-FAVAR) model etx. Then on the basis of the indexes data, based on data standardization and the weight determination method, the paper calculates the macro environment friendliness index, human resource friendliness index, infrastructure friendliness index, the system environment friendliness index, financial services friendliness index, international communication friendliness index and so on. And then get the Belt and Road friendliness index. With the proposal of the community with a Shared future for mankind, the implementation of the strategic objectives of the Belt and Road initiative is no longer limited to countries along the Belt and Road. Its basic principles are also applicable to all countries around the world. Therefore, based on the guiding ideology, design principle, calculation method and result of the Belt and Road investment-friendly index, BRIFI index and six sub-indexes are also calculated for developed and developing countries outside the Belt and Road district, which are included in the text as an appendix.

According to the research, for developing countries both in and outside the BRI region, the most important factors that affect the BRI investment friendliness are infrastructure construction, human resources and institutional environment. Such discovery is a profound reference for China's direct investment in the Belt and Road Initiative countries, providing a new perspective of prior assessment. For developed countries, human resources, institutional environment and financial environment are the main factors that affect their investment friendliness index scores, since their infrastructure construction has relatively been mature. The above results provide a good perspective and reference for China's OFDI.

Key Words: The Belt and Road, Investment Friendliness, Friendliness Index

目 录

一 "一带一路"投资友好指数概述

（一）"一带一路"投资友好指数编制意义

随着"一带一路"倡议的深入推进，中国"一带一路"相关投资得到高速发展，无论境外投资企业还是投资东道国都得到了巨大的商业机会，既促进了当地经济发展提高了当地民生福祉，也促进了中国与海外的产能合作的发展，提升了中国的海外形象与国际话语权。但与此同时，国际上对中国"一带一路"倡议也偶有批评之声，中国企业"一带一路"投资失败的案例也偶有发生。如何提升中国"一带一路"相关投资决策的科学性，减少国际上对中国海外投资的苛责，降低对中国海外投资的疑虑，成为业界、学界共同关注的话题。

1. "一带一路"投资问题成因

自 2013 年"一带一路"倡议提出,中国在"一带一路"沿线做出很多有利当地发展的投资,中国企业也得到了应有的回报,但这些投资也有部分出现了问题。问题的成因是多方面的,主要在于以下几点。

(1)"一带一路"相关投资特点鲜明

有较大比例的基建项目投资大、周期长等等,需要有相对友好的长期关系保障。作为"一带一路"重要组成部分的基础设施建设,一般具有投资大、周期长、回报率低的特点,但它又是"一带一路"倡议能实际运转发挥作用的前提。中国一句俗语说得好,"要想富,先修路",基础设施做得好的国家与地区,才有发挥后发优势、经济长足发展的可能。这也是"一带一路"倡议合作共赢的目的所在,因此中国在"一带一路"基础建设投资上追求的是更长远、多方面的效益。

(2)一些国家对中国在"一带一路"倡议中的角色认知偏差

"一带一路"国际合作高峰论坛开幕前数日,西方曾有声音认为,"一带一路"倡议并非"共赢"。但事实上,"一带一路"倡议旨在促进沿线国家的基础设施建设和互联互通,对接各国政策和发展倡议,实现共同发展。中方秉持共商、共建、共享原则推进"一带一路"合作，从来没有，也不会寻求建立一国主导的规则。"一带一路"倡议自提出以来，已有 100 多个国家和国际组织积极响应支持，各国"共建"的热情与日俱增，成绩有目共睹。

（3）中国企业对外投资经验不足

Buckley 等（2007）研究了中国很长一段时间的对外直接投资数据后得出结论，中国企业的对外投资，往往倾向于那些有着丰富自然资源和人力成本较低的国家，而且中国企业也并不具备传统对外投资理论认为的获取成功所必需的"垄断地位"。此外，中国企业对海外风险评估也普遍存在不足，特别是对政治风险的转化与把控严重不足，从而导致投资失利，损害了双方的合作愿望（许勤华、蔡林、刘旭，2017）。

2. 以"'一带一路'投资友好指数"的研发与应用提升投资科学性

目前针对"一带一路"相关投资中缺少前期规范的投资分析的现状，中国投资者迫切需要一套科学的评估方法，以简明通俗、科学全面的评估来部分解决投资决策的科学性、提升投资决策透明度等问题。

2015 年 3 月 28 日，中国颁布《推进丝绸之路经济带和 21 世纪海上丝绸之路的愿景与行动》，提出了"加快投资便利化进程，消除投资壁垒"。但业界和学术界对"投资便利化"的概念与度量方法并没有一个统一的认识。按亚太经合组织（APEC）在《投资便利化行动计划》中的定义，投资便利化就是"为了吸引外国投资，在投资周期的全部阶段上，政府采取的一系列使其效率和管理有效性达到最大化的做法或行动"，这一观点得到了学者们的普遍认同，并基于该观点进行了更具可操作性的定义以及度量方法的研究。马文秀等（2016）认为，投资便利化是一个动态的过程，在这一动态过程中，投资环境越来越透明、越有可预见性和协调性，投资活动中的程序也越来越简化，交易成本因此不断降低。世界银行研究人员 Wilsonet 等（2003）构建了一套测度贸易便利化的可量化指标体系，体系中包括了港口效率、海关环境、电子商务、规则与制度环境四个方面，并设计了一个引力模型，对提升贸易便利水平带来的经济效益进行了较全面的测算。曾铮、周茜（2008）和孔庆峰、董虹蔚（2015）等用不同的方法，设计了评价贸易便利化的指标体系并进而对"一带一路"沿线国家贸易便利化水平进行了测算，而张亚斌等（2016）更进一步地运用主成分分析方法对"一带一路"国家的贸易便利水平进行测度并分析了对中国贸易的总影响。此外，2003 年世界银行发布了第一份《营商环境报告》（*Doing Business Report*），该报告从企业角度出发，构建了一套企业营商环境测量的指标体系，且随社会实践的发展正不断完善。目前的《营商环境报告》一共包括了十一个一级指标和四十三个二级指标，十一个一级指标分别为企业开办、执照办理、电力获取、财产登记、税款缴纳、跨境贸易、信贷获取、中小投资者保护、合同执行、破产办理、劳动市场监管。该营商环境评测指标体系也成为衡量投资便利化水平的主流方法而为国内外研究人员广泛采用。

上述研究基本都是从贸易角度出发，讨论了投资便利性。然而一方面，这些研究未深入探讨不同国家的对外直接投资（FDI）需要的经济、法律与社会环境，也没有对必要的政治环境加以探讨。以全球经济最为发达、投资最为便利的美国为例，中国对美投资近年来连续遭遇挫折，其投资挫折主要并不来自经济、法律环境，而是所谓"国家安全"等非贸易壁垒因素。因此，仅仅从"投资便利"角度考察各国投资的难易程度是不够的，因此本报告拟以"投资友好度"为主题，构建一套科学测量"一带一路"沿线国家投资便利化水平与友好程度的投资友好性指标体系，不仅衡量相对客观的投资便利程度，更要揭示对相关外来投资的友好水平，从而准确把握不同国家对海外投资的友好程度及其影响因素，从而有利于相关国家有针对性地提升友好度，推进投资发展，这对加强"一带一路"沿线国家的投资与经济发展水平均有重要意义。

"'一带一路'投资友好指数"将从投资目标国宏观环境、人力资源、金融资源可获得性、基础设施，以及国际友好性等多个角度，分别对"一带一路"区域内国家、区域外发达国家与区域外发展中国家的投资友好性进行全方位量化考评。该指数的设计与度量，不仅可以帮助相关投资主体满足规范的投资前评估报告要求，以回避海外政治投资的指责，又能实际支持企业投资的评估。

事实上我们认为，"一带一路"倡议成功推行与否，关键在于路线图的实施，通过一个个战术目标的实现，将该倡议逐步落地，并最终真正实现惠及沿线国家民生、经济与社会的目标。而将"'一带一路'投资友好指数"纳入"一带一路"投资的投资前规范评估报告中，一方面能加强"一带一路"相关对外投资风险的管理，规避投资风险，减少投资者行为的不确定性与未知性，提高每一个项目完成并获益的成功率；另一方面，纳入指数各层面评估值的投资决策报告，也使"一带一路"相关投资决策的透明度大大提高，以指数形式对外提供的量化决策依据，有利于反击中国"一带一路"投资政治导向的谬论，有助于提升中国对外投资的形象，排除项目竞标与实施过程中的非经济因素的干扰。

3. 编制国家的范围

顾名思义，"'一带一路'投资友好指数"研究的对象理应是"一带一路"沿线国家投资友好性。但是本报告的目标是为响应"一带一路"倡议、为"一带一路"倡议的实施提供一个投资参考，而随着"一带一路"倡议的实施，以及"人类命运共同体"倡议的提出与推广，"一带一路"倡议早已不再为地理区域概念所约束。为了给投资者全球投资提供一个可行的参考，本报告将以"'一带一路'投资友好指数"方法论为指导，除了对"一带一路"沿线国家的投资友好性进行测度与研究以外，将在同样方法论指导下，对"一带一路"区域外发达国家与区域外发展中国家的投资友好性分别进行研究。由于"一带一路"沿线国家与区域外发达国家、区域外发展中国家的国情差异太大，"'一带一路'投资友好指数"相关指标的重要性在不同区域的国家，其重要性也迥然不同，因此在研究这三类的过程中，将对"'一带一路'投资友好指数"相关指标的权重及"投资友好指数"的得分进行分别计算。

（二）指数编制的指导原则

"一带一路"投资友好指数是一套完整的指数体系，这套体系既能综合全面地反映"一带一路"沿线国家投资友好总体状况，又能反映各细分维度的现状。因此，指数体系的构建需要遵循一定的原则。具体来说，主要包括以下六方面。

第一，科学性。首先，无论是指数体系框架的搭建还是每个具体指数在编制过程中变量的选择，都要有具体的经济学、金融学理论依据。其次，在参数或者权重的确定过程中，要有充分的实证研究结论作为支撑，不能想当然地、随意地设置参数取值。最后，指数体系的构建需要考虑到指标获取的持续性、完整性、准确性和及时性。

第二，前瞻性。"指数"的构建一方面是要反映当前国际以及中国对外投资、"一带一路"沿线国家FDI发展状况，但更重要的是要能够对"一带一路"沿线国家FDI未来发展提供一些前瞻性的判断，从而为政府、企业和家庭决策提供依据。因此，我们需要在"指数"编制过程中，体现出FDI行业发展规律性的东西，并在对规律进行挖掘的基础上提出前瞻性判断。

第三，开放性。一套科学的指标体系应能根据社会经济的发展过程，适时引入能够反映所研究目标最新、最主要进展的指标，剔除过时的、不适应社会经济发展现状的指标，因此需要保持开放性与动态性。"一带一路"投资友好指数的指标体系应能做到这一点，能根据"一带一路"国家FDI的发展状况，及时补充、修订指标体系。

第四，可操作性。一套指标体系如果仅按照经济学理论进行设计而不顾指标的可采集、可量化与可对比性，其指标的可利用性就很低，也就违背了指数设计的根本目标。理论上，指数测算中指标越能够反映"一带一路"沿线国家投资友好性，它就会越全面、越权威。但是"一带一路"沿线国家大多属于发展中国家，其统计体系的构建可能并不全面，同时数据可获得性不见得很强，因此指数设计中要特别强调可操作性，不能设计一套看上去很美却没有实际可行性的体系。

第五，公认性。指标体系不仅要以客观指标反映"一带一路"沿线国家投资友好性的经济金融环境特征，还要考虑影响投资友好性的政治环境、社会环境等。因此，"一带一路"沿线国家投资友好度指数指标体系还要引入一些定性指标，以大数据手段获取数据，以提高投资友好度指数的行业认可度，强化"既看数字又不唯数字"的理念。

第六，国际视野。对外直接投资本身就是国际性业务，"一带一路"沿线国家的投资更是具有国际挑战性。因此，在指数编制过程中，一方面要具有开放性的视野，借鉴海外发达国家与发展中国家 FDI 发展的历史和变化规律，提高指数编制的效果；另一方面要把"一带一路"国家的投资友好性评估放在国际经济、金融与政治发展的大背景下进行研究，提升指数编制的国际影响力。

（三）指标体系设计

1. 指标体系设计的理论基础

柯布—道格拉斯生产函数认为，产出受制于劳动力、资本及技术环境。对柯布—道格拉斯生产函数进一步衍生，本报告认为，对外直接投资的产出，除受制于东道国的劳动力成本、金融自由度等影响资本活力的因素外，还受制于东道国的主客观因素造成的生产环境。投资东道国的基础设施、市场规模、地理位置、自然资源禀赋等客观因素均可能影响本国对外直接投资，而投资东道国的制度环境、市场经济自由度、金融自由度、法制完善水平、政府清廉程度等主观因素也是影响对外直接投资的重要因素，同时投资流出国与"一带一路"沿线国家的政治关系也是影响直接投资的重要因素。对此，有必要展开深入的理论探讨与实证分析。

2. 指数框架设计

基于上述理论探讨，按柯布—道格拉斯生产函数理论，影响对外直接投资的因素包括劳动力要素、资本要素与环境要素三大方面，其中环境要素又可分为宏观经济环境、基础设施环境、制度环境以及政治友好性环境四个方面，从而投资友好性就可以分为六大方面：宏观环境友好性、人力资源友好性、基础设施友好性、制度环境友好性、金融服务友好性、国际交往友好性。这六个维度既保持相对独立性，对于每一个维度而言，又会分成不同级别的内容，确保指数体系的深度。

具体理论框架及指数数据源如表 1-1 所示：

表 1-1　　"一带一路"投资友好指数指标体系及数据来源

一级指标	二级指标	三级指标	数据来源
投资友好指数	1. 宏观环境友好指数	国内市场规模（以 GDP 表示）	国际货币基金组织、世界银行
		通货膨胀率	
		外商直接投资（FDI）与技术转移	
		规则对 FDI 的影响	
	2. 人力资源友好指数	专业性管理可靠度	世界经济论坛每年发布的《全球竞争力报告》
		国家留住人才的能力	
		国家吸引人才的能力	
		女性劳动力参与率	
		工资和生产效率	
	3. 基础设施友好指数	电力供应质量	
		移动电话服务	
		交通运输指数	
	4. 制度环境友好指数	政府决策透明度	
		政府效率	
		司法独立性	
		法律权利指数	
	5. 金融服务友好指数	风险资本可用性	
		金融服务可用性	
		证券市场融资难易度	
		获得贷款的难易度	
		银行稳健性	
		金融服务可购性	
	6. 国际交往友好指数	参与多边组织	WTO 数据库
		达成友好协议	

（四） 指数的计算

1. 指标数据标准化

标准化也称无量纲化，就是通过各种数学变换手段，对原始变量进行处理，以消除其量纲影响的过程。"一带一路"投资友好指数是从多角度、多层次对"一带一路"沿线国家投资的便利与友好水平所做的多维测评综合指数，每一个维度以一个分指数度量，每个分指数以多个相关指标合成。合成分指数的指标中主要是定量指标，但也有定性的比如各国政府监管金融发展的能力与水平、各国与 FDI 母国的政治关系等指标。定量指标中有像市场规模这样的数值越大表示水平越高的正向指标，也有一些数值越大表示水平越低的负向指标，还有如 CPI 这样在特定区间内则水平较高，只要出了合理区间则无论数值大小都表示水平较低的区域值域指标。这些指标不加处理直接合成易导致不可比性，所以需要对它们进行统一标准化处理，使得指数从总体上达到既可以不同国家间横向比较，也可以同一国家纵向比较的目标。

（1） 数量指标标准化

数量指标标准化有 0—1 标准化、正态标准化等处理方法。本报告按研究目的，采用 0—1 标准化方法处理，也就是以具体指标在指定年份的极大值、极小值为出发点，对不同国家、不同年份的各年指标值进行无量纲化处理，其处理公式如下列示。

①正向指标标准化：

$$Y_i = \frac{X_i - X_{min}^i}{X_{max}^i - X_{min}^i} \text{ 或 } Y_i = \frac{\ln(X_i) - \ln(X_{min}^i)}{\ln(X_{max}^i) - \ln(X_{min}^i)}$$

（1.1）

其中 X_i 表示第 i 个指标各年份的取值，X_{min}^i 表示第 i 个指标基数年的最小值，X_{max}^i 表示第 i 个指标基数年的最大值。

②逆向指标标准化：

$$Y_i = \frac{X_{max}^i - X_i}{X_{max}^i - X_{min}^i} \text{ 或 } Y_i = \frac{\ln(X_{max}^i) - \ln(X_i)}{\ln(X_{max}^i) - \ln(X_{min}^i)}$$

（1.2）

由公式（1.1）（1.2）可见，各年份取值均在0—1，数据实现了标准化、无量纲化，达到了在同一标准下的可比性。

（2）区域型数据的标准化

①中间型数据的标准化：

$$Y_i = \begin{cases} \dfrac{2(x_i - m)}{M - m}, m \leqslant x_i \leqslant \dfrac{1}{2}(M + m) \\ \dfrac{2(M - x)}{M - m}, \dfrac{1}{2}(M + m) \leqslant x_i \leqslant M \end{cases}$$

（1.3）

②区间型数据的标准化：

$$x' = \begin{cases} 1 - \dfrac{a-x}{c}, & x < a \\ 1, & a \leqslant x \leqslant b \\ 1 - \dfrac{x-b}{c}, & x > b \end{cases} \qquad (1.4)$$

其中 $[a,b]$ 为 x 的最佳稳定区间，$c = \max\{a-m, M-b\}$，M 和 m 分别为 x 可能取值的最大值和最小值。

（3）定性指标数据标准化

部分指标虽然取值是数值，但其本质是定性的，比如政治友好性，虽然评分是 1—5 分，但实际是对友好性由弱到强的定性。另有一些指标本身可能非定性，但其数值不能直接加入指标体系中进行计算，需要对其进行处理。

①本报告中，"签订贸易与合作协定数"即为不可直接相加的数值性数据。本报告的处理办法分为以下几步。

第一步，给不同区域的数值赋值，分别赋值为 1—5 分。协定数为 0 的，赋值 1 分；协定数为 1—2 项的，赋值 2 分；协定数为 3—5 项的，赋值 3 分；协定数为 6—7 项的，赋值 4 分；协定数在 8 项及以上的，赋值 5 分。

第二步，对第一步所得赋值进行标准化。

以偏大型柯西分布与对数函数作为隶属度函数：

$$f(x) = \begin{cases} [1 + \alpha(x-\beta) - 2] - 1, & 1 \leqslant x \leqslant 3 \\ a\ln x + b, & 3 \leqslant x \leqslant 5 \end{cases}$$

$$(1.5)$$

其中 α,β,a,b 为待定常数。

将"协定全面"的隶属度定义为 1，即 $f(5)=1$；

将"协定较全面"的隶属度定义为 0.8，即 $f(3)=0.8$；

将"无协定"的隶属度定义为 0.01，即 $f(1)=0.01$。

计算得 $\alpha=1.1086,\beta=0.8942,a=0.3915,b=0.3699$。则：

$$f(x)=\begin{cases}\left[1+1.1086\left(x-0.8942\right)^{-2}\right]^{-1},1\leqslant x\leqslant 3\\0.3915\ln x+0.3699,3<x\leqslant 5\end{cases}$$

$$(1.6)$$

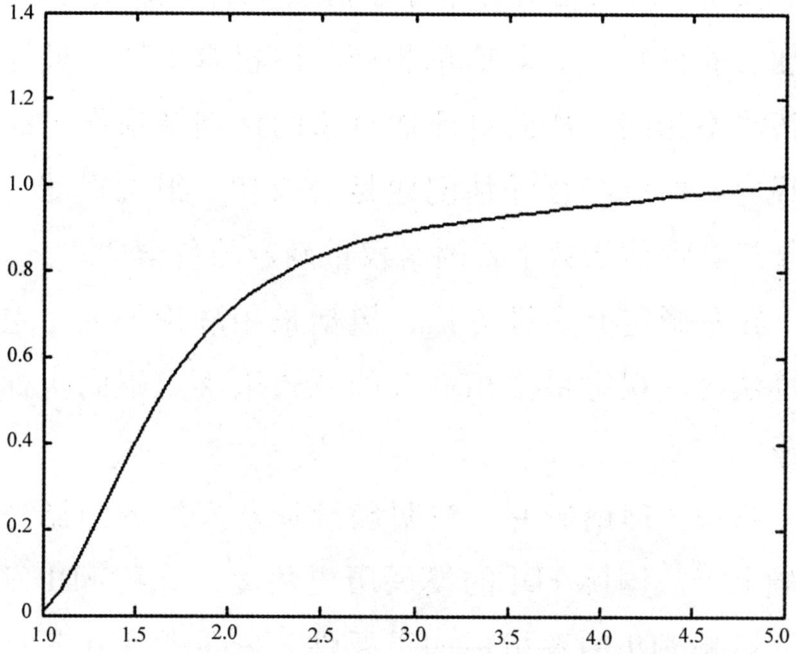

图 1-1 定性指标标准化分布

据此，前面所赋任意值，均可得到适合的标准化取值。

通过该方法，可得"一带一路"沿线各国对中国的投资协定友好性指数值。

②本报告中，涉及"是否为国际组织成员"定性数，主要考虑"是否为 WTO 成员""是否为 APEC 成员""是否为 OECD 成员"三项。本报告对该指标直接赋值，其中"为 WTO 成员"即为 5 分，其他为任一成员，均加 2.5 分。

2. 确定各指标的权重

权重的本质是对各指标在指数中的重要性的判定，即便有相同指标，取值也相同，但权重不同，最终指数值也不相同，从而对评估对象的评判结果就可能大相径庭。所以综合评估问题是否成功，很大程度上取决于综合评估指数中各因素权重确定的科学性。

权重确定有多种方法，包括采用理论研究、主观定性法、客观定量法相结合的方式来确定不同指标的权重。

第一，理论研究。在明确投资友好度的内涵外延基础上，从国际 FDI 的发展历史角度，分析 FDI 发展中，影响 FDI 的各指标的重要性，依重要性在各层次内给不同指标赋权。

　　第二，德尔菲法。在理论研究基础上，给出开放的参考指标体系群，由专家对不同指标赋权并以多维标度分析法确认各指标的参考。

　　第三，主成分分析法。以不同国家各指标值数据为基础，以主成分分析，辅以因子旋转法提取主要因素，并以主因素载荷为基准对各指标赋权。

　　第四，VAR 脉冲响应法。[①]"一带一路"指数应用足够的时间，应该根据现实经济的变化对权重加以调整。一个能够反映现实经济变化对各指标影响能力的变化的方法是 VAR 脉冲响应法。

　　第五，动态模型选择时变向量自回归模型方法。包括 FAVAR 模型、TVP-FAVAR 模型、DMS-TVP-FA-VAR 模型等。

　　下面对主成分分析法、VAR 脉冲响应法与动态选择时变向量自回归模型这些权重确定方法作一简介，即便本次研究暂时用不上，但为使未来"一带一路"投资友好指数连续、科学地计算，仍需要对这些方法进行详细了解。

---

　　① 由于该方法需要有一定样本量的时序数据进行估计，而目前"一带一路"投资友好指数数据不足，无法进行时序模型的估计，关于 VAR 脉冲响应法和更为高级的动态模型选择的时变向量回归模型方法需要在今后"'一带一路'投资友好指数"累积一定时间跨度的数据后再使用更为精确的方法进行估计。

（1）主成分分析法

主要思想是将反映个体多个特征的各个指标进行综合，综合成为一个或少数几个指标，既达到降维从而有助于更清晰认知评判断对象的目标，又能使结果科学、有效而全面。从数学运算上看，其本质上是一种数据极简化技术，通过线性变换将原始数据投影到新的坐标系统中，并且依照数据投影方差的大小将投影坐标依次排序（第一主成分、第二主成分……）。每个主成分包含着原有指标或变量的主要信息，而且不同主成分所含信息不存在重叠，所以能够在兼顾多变量信息的同时将相对复杂的因素降维简化，得到更为科学、有效的信息集合。

从实际运用上看，主成分分析法主要为了解决人们在指标（变量）信息量和分析效率之间的矛盾。为了尽可能全面、系统地分析问题或反映情况，理论上讲，在构建指数时应该将所有影响因素纳入考虑，但实际上这些未经处理的指标或变量所包含信息一般都有重叠，而且变量越多，信息重叠的情况就越严重，我们进行定量分析时计算就越复杂。

主成分分析法的提出就是为了解决这一类问题。其基本原理就是将原来有一定相关性（信息重叠）的指标（如 p 个变量）组合成为一组新的但相互不相关的综合指标加以替代。组合方法通常即为线性组合。

然后按照综合指标方差大小来确定最终选择综合指标的个数。如第一个综合指标（$F1$）的方差最大，即 Var（$F1$）最大，那么表明综合指标 $F1$ 所包含信息较多，被称为第一主成分。如果第一主成分所包含的信息不足以满足分析需要，也就是说原始 p 个变量遗漏了较多的信息，那么可以考虑增加选取第二个综合指标 $F2$，而经过矩阵转化之后，$F1$ 所包含的信息不会再出现在 $F2$ 中，即 Cov（$F1$，$F2$）＝0。同理类推，即可构造出 p 个综合指标，顺序增加纳入分析的指标，直到其所包含的信息满足分析需要。

使用主成分分析法决定样本权重的原理如下。

①对原始数据进行标准化：假设有 n 个样本，指标体系中的变量有 p 个，因此可以得到总体的样本矩阵。并选取反映其特性的 p 个变量，从而得到总体样本矩阵：$x_i = (x_{i1}, x_{i2}, \cdots, x_{ip})^T, i = 1, 2, \cdots, n (n > p)$。对样本矩阵元进行标准化：

$$Z_{ij} = \frac{x_{ij} - \bar{x}_j}{s_j}, i = 1, 2, \cdots, n; j = 1, 2, \cdots, p$$

$$(1.7)$$

其中 $\bar{x}_j = \dfrac{\sum_{i=1}^{n} x_{ij}}{n}, s_j^2 = \dfrac{\sum_{i=1}^{n} (x_{ij} - \bar{x}_j)^2}{n-1}$，由此得到标准化的矩阵 Z。

②求解相关系数矩阵：利用标准化矩阵 Z 求解相

关系数矩阵，计算方法如下：

$$R = [r_{ij}]_p xp = \frac{Z^T Z}{n-1} \tag{1.8}$$

③求解特征根：通过 $|R - \lambda I_p| = 0$ 求解样本相关矩阵 R 的特征方程并得到相应的特征根，对于每个特征根 λ_j，求解特征向量，每个特征根对应的特征向量即为对应主成分的 p 个变量对应的线性组合系数。

④将指标变量转化为主成分：

计算公式为：

$$U_{ij} = z_i^T b_j^o, j = 1, 2, \cdots, m \tag{1.9}$$

其中 U_j 为第 j 个主成分，共得到 p 个主成分。

⑤利用所选取的 m 个主成分进行综合评价：以信息利用率为标准，确定主成分个数 m。一般在指数构建时设定信息利用率达到 85% 以上，由此决定 m 值。选择主成分的前 m 个作为最终分析所用综合指数，以每个主成分的方差贡献率作为权数对 m 个主成分进行加权求和即可得到每个指标的权重。

主成分分析法的优点是能够将大量指标变量构成的指数体系综合成几个简单的变量，但能够代表内部主要的推动信息。主成分分析法的应用从理论上使得指数的指标体系范围可以变成无穷大，能够将所有的相关变量全部纳入，通过主成分的分析，去除变量间的代表性，归纳出主要信息。但主成分分析法的缺点在于较为依赖指标变量的数值规律——相关性。而变量间的相关性并不完全等价于指标变量对投资友好性的影响程度，因此主成分分析法背后的经济学理论的支持力度较弱。因此指标体系的构建，对于主成分确定权重而言，就尤为重要。

（2）VAR 脉冲响应法

VAR 脉冲响应法确定权重的原理，是以各指标变量与目标变量进行 VAR 回归，根据不同指标变量对目标变量的冲击的占比来确定权重。

使用 VAR 脉冲响应确定指标权重，需要先对各指标与目标变量构建 VAR 模型进行回归。p 阶的 VAR 模型可以写成如下形式：

$$y_t = a_0 + \sum_{j=1}^{p} A_j y_{t-j} + \varepsilon_t \tag{1.10}$$

其中 y_t 是 N×1 维的向量，由可观测到的指标变量构成。ε_t 是误差项，a_0 是截距项，A_j 是 N×p 的系数矩阵。在估计 VAR 模型时通常假设 ε_t 为独立同分布的随机误差向量。$\varepsilon_t \sim NIID(0, \sum)$。采用贝叶斯参数估计的方法估计上述模型。在 y_t 中，存在部分政策制定者、评估者关注的指标，如 FDI 增长率、绿色 GDP 等。因此，VAR 模型又可以改写成以下形式：

$$y_i t = \lambda_{0i} + \gamma_i r_t + u_{it}$$

$$\begin{bmatrix} y_t \\ r_t \end{bmatrix} = \phi_1 \begin{bmatrix} y_{t-1} \\ r_{t-1} \end{bmatrix} + \cdots + \phi_p \begin{bmatrix} y_{t-p} \\ r_{t-p} \end{bmatrix} + \varepsilon_t \tag{1.11}$$

第二步，计算各指标变量的脉冲响应值，以平均的脉冲响应占比来确定各指标变量在 FCI 中的权重。具体公式如下：

$$w_i = \mid z_i \mid / \sum_{i=1}^{n} z_i \qquad \sum_{i=1}^{n} w_i = 1 \qquad (1.12)$$

其中 w_i 是各指标对应的权重，z_i 是指标变量的新息冲击在一定时期内对目标变量产生的平均脉冲响应值。

简而言之，VAR 模型确定的权重，实际上是指标变量的冲击 y_t（即变动）在未来一定时期内对目标变量 r_t（即研究者考察的指标，FDI 增长率、绿色 GDP 等）造成的冲击比例。假如在构建 VAR 模型时，发现政府效率这一变量的改变能够使得目标变量如 FDI 增长率，在未来一定时期内有 z_i 的改变，这就称为政府效率这一指标对目标变量的脉冲响应。以各指标变量对目标变量的脉冲响应占比作为权重，能够赋予对目标变量影响力度大的指标更大的权重，保证了指数的有效性，也能够提高指数对目标变量的预测能力。

VAR 脉冲响应法的优点是通过不同指标变量对目标变量的影响程度确定权重，权重背后的经济学意义比较明确。但这个方法的缺点在于，当指标变量很多而现有样本数据较少时，VAR 模型回归时可能会出现过度参数而无法识别的问题。因此 VAR 脉冲响应法对应庞大指标体系的适用性不佳。

（3）动态选择时变向量自回归模型

本报告创新性地引入动态模型选择的动态系数决定方法，即动态因子增广向量自回归模型（TVP-FA-VAR）引入用于构建"一带一路"投资友好指数。该方法相当于在引入时间变动因素基础上把主成分分析和 VAR 这两大常见的指数构建方法相结合。这一模型既能解决主成分分析法确定权重时存在的只注重数值、经济含义不明的问题，又允许大量综合指标变量的出现，更是考虑了指数构成的时间变动。指数构建过程更具科学性，对于目标变量的评价能力、预测能力更强。不足之处在于对数据的要求较高，需要积累相应数据后方可实施应用。为充分理解 TVP-FAVAR 模型，这里先对 FAVAR 模型作一简单介绍后，再引入对 TVP-FAVAR 及其改进形式 DMS-TVP-FAVAR 模型的介绍。

①FAVAR 模型构建指数

VAR 模型存在过度参数问题。如果构建的指数体系有 N 个指标变量，VAR 模型选择滞后 p 阶，则有 $N \times (N+1) \times p$ 个待估计参数。在实际应用中，由于数据取得的局限性，通常难以获得大量的数据进行估计。

国与国之间的投资友好程度影响因素众多，任何单一指标或简单的几个指标都不可能对此加以全面反映。对投资友好度进行测度，必须构建一套综合性的指标体系，对指标体系数据加以综合才能达到这个效果。但是当指标体系的变量数量较多时，由于数据的限制，普通的 VAR 模型会面临过度参数无法识别的问题。因此引入 FAVAR，将主成分分析法与 VAR 模型进行结合，尽可能从大量的指标中抽取较少的因子，以保留原始变量所反映的绝大部分信息。FAVAR 模型的形式如下。

$$y_{it} = \lambda_{0i} + \lambda_i f_t + \gamma_i r_t + u_{it}$$

$$\begin{bmatrix} f_t \\ r_t \end{bmatrix} = \phi_1 \begin{bmatrix} f_{t-1} \\ r_{t-1} \end{bmatrix} + \cdots + \phi_p \begin{bmatrix} f_{t-p} \\ r_{t-p} \end{bmatrix} + \varepsilon_t \qquad (1.13)$$

f_t 是从 N 个指标中提取出的一个 $p \times 1$ 阶向量，从大量的指标抽取一个最大公因子，尽可能大地体现出原始指标的信息。r_t 是由 $s \times 1$ 可观测到的目标追踪变量构成。

FAVAR 的引入能够保证综合运用大量的指标变量得到有用信息，同时能够利用 VAR 模型进行估计，建立脉冲变动的权重，构建"一带一路"投资友好指数。

②TVP-FAVAR 构建指数

FAVAR 模型解决了大量指标变量的问题，但该模型的假设是模型中的参数在不同的时间内是保持不变的，即不同时期，各指标对"一带一路"投资友好指数的权重是不变的。而这种假设对分析金融、经济问题可能是不成立的，容易造成分析的误差。例如随着时代的演进、科技的进步、国家政策的变革，各个国家的政府效率、人力资源等对投资友好性的影响可能会不断增大，如果在指数中对政府效率、人力资源等指标赋予固定的权重则可能导致对投资友好性判断的不确定性。TVP-FAVAR 模型就是在考虑了估计参数时存在的时间变动情况下的优化模型。

$$y_{it} = \lambda_{0i} + \lambda_{ii}f_t + \gamma_{it}r_t + u_{it}$$

$$\begin{bmatrix} f_t \\ r_t \end{bmatrix} = \phi_{1t}\begin{bmatrix} f_{t-1} \\ r_{t-1} \end{bmatrix} + \cdots + \phi_{pt}\begin{bmatrix} f_{t-p} \\ r_{t-p} \end{bmatrix} + \varepsilon_t \qquad (1.14)$$

其中 y_t 是 $n \times 1$ 维向量，由用于构建"一带一路"投资友好指数的各指标数据组成。r_t 是 $s \times 1$ 维向量，由模型追踪的宏观金融变量构成。在指数构建中，r_t 可以选取为政府效率、金融服务可得性等投资者关心的变量。γ_{it} 是回归系数，λ_{it} 是因子权重，f_t 是计算出的"一带一路"投资友好指数，本报告用 BRIFI 表示。u_t 和 ε_t 是零均值具有随时间变化方差的高斯分布的随机变量。

③DMS-TVP-FAVAR 模型构建指数

在时间变动的特性中，参数的变动只是其中一种形式，更符合现实的应该是模型因素的动态变化。随着时间变动，以往对目标变量没有或者影响很小的指标，可能会产生更大的影响，应该加入模型中；而过去对目标变量影响较大的变量可能会失去影响力从而从指标体系中剔除。如目前是否认同"一带一路"倡议、是否加入一些特定的国际组织对"一带一路"投资友好性的影响可能很大，而随着时间推移，随着"一带一路"沿线各国对"一带一路"倡议的认可以及中国"一带一路"建设参与度的提高，这些因素的评判效果可能就会降低，甚至可能退出指标评价体系，而其他一些指标可能进入评价体系。为保持指数动态评价的有效性，可以对 TVP-FAVAR 模型加以改进，如下：

$$y_{it}^{(j)} = \lambda_{0i} + \lambda_{it}f_t^{(j)} + \gamma_{it}r_t + u_{it}$$

$$\begin{bmatrix} f_t^{(j)} \\ r_t \end{bmatrix} = \phi_{1t}\begin{bmatrix} f_{t-1}^{(j)} \\ r_{t-1} \end{bmatrix} + \cdots + \phi_{pt}\begin{bmatrix} f_{t-p}^{(j)} \\ r_{t-p} \end{bmatrix} + \varepsilon_t \quad (1.15)$$

其中 $f_t^{(j)}$ 是指标变量 y_{it} 的一个子集，由此构成的子模型 M_j 计算出的指数为 $f_t^{(j)}$。对于有 n 个指标变量的模型，最多有 $2^n - 1$ 种模型选择，允许不同时期的评价指标构成存在动态变化，同样地对目标变量进行追踪，得到总指数。

3. 分类指数和总指数的合成

（1）各分级指数的计算

以标准化各级指数下属指标值，乘以其权重再加总，即可得分级指数值。

$$BRIFIS_{jt} = \sum_{i=1}^{m} W_{ji}X_{jit} \qquad (1.16)$$

式中 $BRIFIS_{jt}$ 为第 j 个分指数，W_{ji} 为第 j 个分指数中的第 i 指标的权重；X_{jit} 为第 j 个分指数中的第 i 指标在 t 期的取值。

（2）"'一带一路'投资友好指数"的合成

计算公式为

$$BRIFI_t = \sum w_j BRIFIS_{jt} \qquad (1.17)$$

式中 $BRIFI_t$ 为"一带一路"投资友好指数在 t 期的值，w_j 为第 j 个指数的权重，$BRIFIS_{jt}$ 为第 j 个分指数在 t 期的计算得分。

二 "一带一路"投资友好
指数报告

（一）指数构成及权重

第一章从柯布—道格拉斯生产函数出发，讨论了"一带一路"投资友好指数设计的原则与框架，并区分了投资便利性与投资友好性，设计了一套投资友好指数的指标体系。

"一带一路"投资友好指数是本报告的核心内容。为衡量一国的投资友好性状况，我们将其分为交通、效率、法律、人才、基础设施、金融易得性与国际贸易七个方面。后文将对各分项指数的计算方法进行介绍。同时，我们以历史数据为基础，以因子分析方程获得各指标载荷并加以归一化，得到各指标权重。如表 2－1 所示。

表 2 - 1 投资友好总指数构成

一级指标	二级指标	权重（%）
投资友好指数	宏观环境友好指数	9.75
	人力资源友好指数	20.41
	基础设施友好指数	17.80
	制度环境友好指数	24.23
	金融服务友好指数	25.42
	国际交往友好指数	2.38

数据均来源于计算的二级指数。其中国际交往友好指数仅取 2017 年时点数。

（二）沿线各国投资友好指数得分

以上述指标为基础搜集数据，以所得权重计算各国得分，可得如表 2 - 2 所示"一带一路"沿线各国投资友好指数得分。

表 2 - 2 "一带一路"沿线各国投资友好指数三年得分

（2015—2018）

41 个沿线国家			投资友好指数得分		
			2015—2016	2016—2017	2017—2018
新加坡	Singapore	91	92	92	92
马来西亚	Malaysia	84	81	80	82
以色列	Israel	66	72	75	71
印度尼西亚	Indonesia	64	67	70	67
捷克	Czech	65	67	66	66
沙特阿拉伯	Saudi Arabia	66	64	64	65
泰国	Thailand	64	63	66	64
爱沙尼亚	Estonia	60	63	64	62

续表

41 个沿线国家		投资友好指数得分			
			2015—2016	2016—2017	2017—2018
波兰	Poland	61	62	62	62
菲律宾	Philippines	61	59	59	60
印度	India	54	62	63	60
斯里兰卡	Sri Lanka	62	60	56	59
约旦	Jordan	55	57	56	56
匈牙利	Hungary	54	55	58	56
越南	Vietnam	54	56	57	56
俄罗斯	Russia	53	53	55	54
格鲁吉亚	Georgia	52	55	54	54
哈萨克斯坦	Kazakhstan	54	54	49	52
斯洛伐克	Slovakia	51	53	53	52
阿塞拜疆	Azerbaijan	47	52	56	52
巴基斯坦	Pakistan	49	51	55	52
立陶宛	Lithuania	51	52	51	51
塔吉克斯坦	Tajikistan	48	52	53	51
拉脱维亚	Latvia	53	50	47	50
埃及	Egypt	45	49	52	49
柬埔寨	Cambodia	45	47	48	47
亚美尼亚	Armenia	43	46	46	45
孟加拉国	Bangladesh	41	44	47	44
斯洛文尼亚	Slovenia	40	45	47	44
保加利亚	Bulgaria	38	45	44	42
罗马尼亚	Romania	44	41	41	42
蒙古国	Mongolia	41	42	41	41
阿尔巴尼亚	Albania	38	41	44	41
黑山	Montenegro	39	38	41	39
吉尔吉斯斯坦	Kyrgyzstan	38	39	41	39
克罗地亚	Croatia	37	40	40	39
塞尔维亚	Serbia	30	33	37	33
伊朗	Iran	26	32	35	31
乌克兰	Ukraine	31	28	30	30
摩尔多瓦	Moldova	27	26	28	27
波黑	Bosnia and Herzegovina	18	22	26	22

注：1. 剔除缺失数据的国家后，国家总数为 41 个。2. 计算不同年份投资友好指数时，受数据可得性影响，其国际交往友好指数均取 2017 年数据。

（三）主要国家得分分析

1. 静态比较

在此选出 2017—2018 年度投资友好指数得分前十名及后十名的国家进行对比分析，看这些国家得分高低的主要成因，由此给投资人一个相对清晰的视角，也为这些国家提供一些改善投资友好性的参考。

将表 2–2 中受数据可得性影响，将投资友好指数得分为零的国家除外，共计 41 个国家排序，得分前十名的国家及其投资友好指数得分、相关指标值及排序列入表 2–3，得分后十名的国家列入表 2–4。

表 2–3　　　　　投资友好指数得分前十名国家

国家	投资友好指数	宏观环境友好指数	人力资源友好指数	基础设施友好指数	制度环境友好指数	金融服务友好指数	国际交往友好指数
新加坡	92	88	96	94	98	98	84
马来西亚	80	77	80	74	74	80	91
以色列	75	75	72	66	73	83	79
印度尼西亚	70	71	63	54	55	69	91
捷克	66	75	59	58	43	69	78
泰国	66	72	54	56	49	72	79
爱沙尼亚	64	67	59	68	61	74	57
沙特阿拉伯	64	64	58	63	68	59	69
印度	63	72	61	54	60	65	62
波兰	62	68	40	54	33	53	96

表 2 - 4　　　　　　　　　　投资友好指数得分后十名国家

国家	投资友好指数	宏观环境友好指数	人力资源友好指数	基础设施友好指数	制度环境友好指数	金融服务友好指数	国际交往友好指数
吉尔吉斯斯坦	41	34	28	22	31	36	73
蒙古国	41	42	25	26	25	18	80
黑山	41	48	32	46	42	36	39
罗马尼亚	41	63	20	37	34	24	50
克罗地亚	40	46	21	56	22	33	51
塞尔维亚	37	52	21	37	27	32	42
伊朗	35	50	22	46	32	28	28
乌克兰	30	29	30	39	21	20	39
摩尔多瓦	28	44	23	30	20	18	27
波黑	26	40	7	23	15	51	18

比较表 2 - 3 与表 2 - 4 数据可知，前十名的国家，其投资友好性指数相关指标均居于平均线以上。由表 2 - 3 中数据可知，新加坡在宏观环境友好指数、基础设施友好指数、制度环境友好指数、人力资源友好指数、金融服务友好指数上均位列第一。相反，投资友好指数最低的十个国家，各分项指标基本处于末位。

可见，一个国家的投资友好性水平是由交通状况、效率状况、法律状况、人才储备、基础设施建设、制度建设与金融服务易得性等多方面综合起来共同决定的，各指标相辅相成，相互作用。因此，各国应该从这几方面出发，全面提高投资友好性程度，为吸引外资提供良好的市场基础。

2. 动态分析

　　仅以投资友好指数前三名的新加坡、马来西亚、以色列，以及后三名的乌克兰、摩尔多瓦及波黑为例，对投资友好指数得分最高的三个国家与投资友好指数得分最低的三个国家的相关指标，进行动态变化对比分析。下面各组指数对应年度变化图，前图为投资友好指数得分最高的三个国家年度变化图，后图为投资友好指数得分最低的三个国家年度变化图（见图2-1至图2-10）。

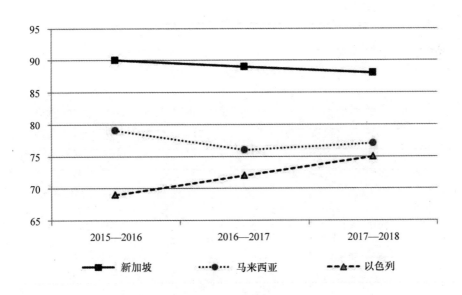

图2-1　宏观环境友好指数动态图（投资友好前三名）

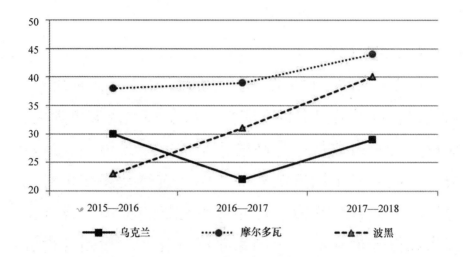

图2-2 宏观环境友好指数动态图（投资友好后三名）

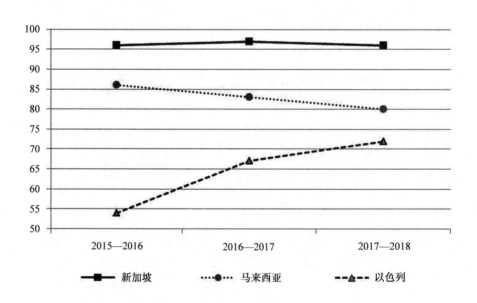

图2-3 人力资源友好指数动态图（投资友好前三名）

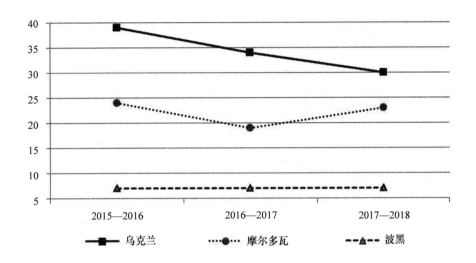

图2-4　人力资源友好指数动态图（投资友好后三名）

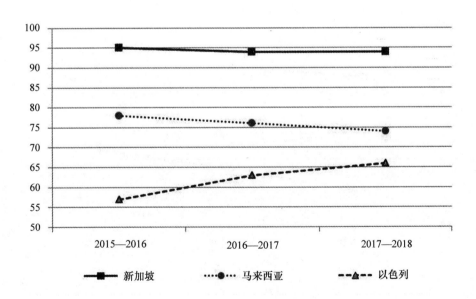

图2-5　基础设施友好指数动态图（投资友好前三名）

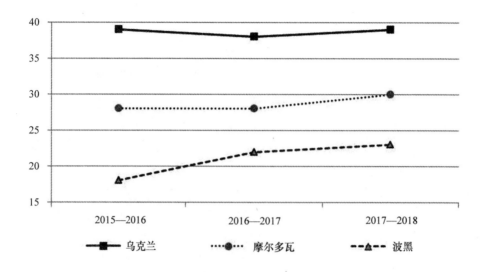

图2-6 基础设施友好指数动态图（投资友好后三名）

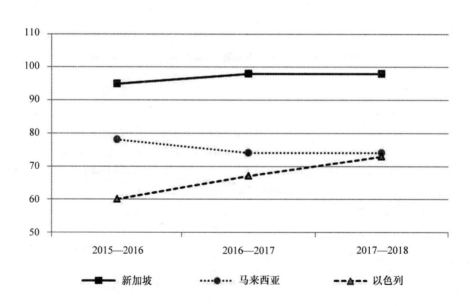

图2-7 制度环境友好指数动态图（投资友好前三名）

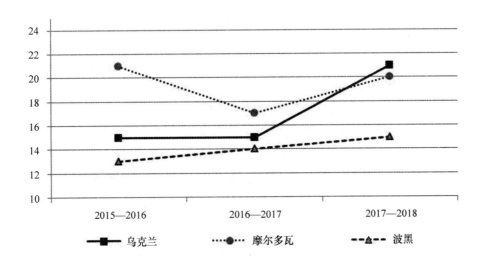

图 2-8 制度环境友好指数动态图（投资友好后三名）

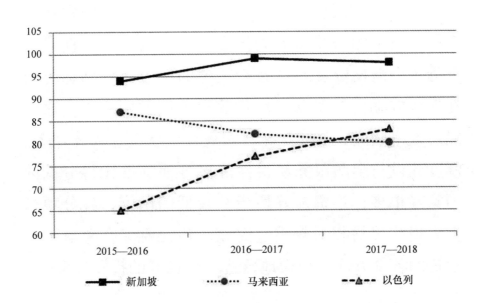

图 2-9 金融服务友好指数动态图（投资友好前三名）

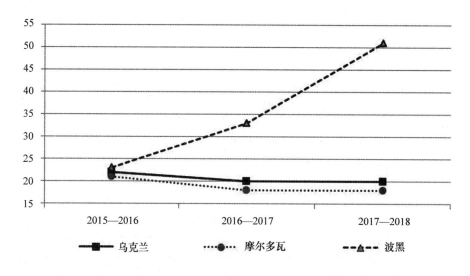

图 2 – 10　金融服务友好指数动态图（投资友好后三名）

　　由上五组图可见，投资友好排名前三的国家在各个指标当中的得分基本处于高位，且以保持均衡或上升为主。但投资友好排名后三位的国家得分则随时间在低位波动。投资友好性指数得分高的国家，交通状况、效率状况、法律状况、宏观经济状况、人才储备、制度建设与金融服务易得性等多方面都要比得分低的国家好很多；投资友好性指数较低的国家，各分项指标表现状况均相对较差。因此，各国要综合考虑影响投资的各个方面，全面地营造一个良好的投资环境。

三　宏观环境友好指数

（一）　指数构成及权重

影响一国对海外投资的程度的宏观环境，既包括影响该国整个社会资本运动的社会的、经济的、文化的各种要素的综合，也包括具体的对外商的相关政策。内在社会经济文化的要素可能包括国民经济运行的各项指标以及社会发展指标、人文状况、政治法律等，本章以国内市场规模与通货膨胀率这两个最为总括的指标代表这些内因，其他人文状况、劳动力状况及政治法制状况后续有专门的指标讨论，这里并不包括在内；而对外的相关政策，则集中体现在海外投资者对该国"外商直接投资与技术转移"以及"规则对 FDI 业务的影响"两个指标之上。因此，宏观环境友好指数既以国内市场规模、通货膨胀率、外商直接投资与技术转移、规则对 FDI 的影响四个指标代表。

同时以历史数据为基础，以因子分析方程获得各指标载荷并加以归一化，得到各指标权重。如表 3－1 所示。

表 3－1　"一带一路"沿线区域内国家宏观环境友好指数构成及权重

一级指标	二级指标	权重（%）
宏观环境友好指数	国内市场规模（以 GDP 表示）	23.33
	通货膨胀率	16.24
	外商直接投资（FDI）与技术转移	32.90
	规则对 FDI 的影响	27.53

数据来源方面，国际货币基金组织有对各国国内市场规模和通货膨胀率的详细数据，外商直接投资（FDI）与技术转移、规则对 FDI 的影响，则取"世界经济论坛"每年发布的《全球竞争力报告》中的调查数据。

（二）沿线各国宏观环境友好指数得分

以上述指标为基础搜集数据，以所得权重计算各国得分，可得如表 3－2 所示"一带一路"沿线各国宏观环境指标得分。

表 3-2 "一带一路"沿线各国宏观环境友好指数三年得分（2015—2018）

53 个沿线国家		宏观环境友好指数得分		
		2015—2016	2016—2017	2017—2018
新加坡	Singapore	90	89	88
阿拉伯联合酋长国	United Arab Emirates	85	84	83
以色列	Israel	69	72	75
马来西亚	Malaysia	79	76	77
捷克	Czech	66	72	75
卡塔尔	Qatar	77	69	69
爱沙尼亚	Estonia	60	66	67
巴林	Bahrain	65	67	69
印度尼西亚	Indonesia	60	65	71
阿塞拜疆	Azerbaijan	55	59	53
印度	India	58	72	72
立陶宛	Lithuania	60	61	62
菲律宾	Philippines	63	59	63
不丹	Bhutan	20	26	36
阿曼	Oman	49	47	54
沙特阿拉伯	Saudi Arabia	64	60	64
斯洛伐克	Slovakia	67	74	73
斯里兰卡	Sri Lanka	62	57	56
泰国	Thailand	69	67	72
阿尔巴尼亚	Albania	48	57	66
亚美尼亚	Armenia	42	47	45
格鲁吉亚	Georgia	48	56	58
波兰	Poland	60	64	68
斯洛文尼亚	Slovenia	36	42	49
拉脱维亚	Latvia	59	56	56
塔吉克斯坦	Tajikistan	36	40	43
文莱	Brunei	—	38	44
约旦	Jordan	54	56	54
老挝	Laos	42	42	46
土耳其	Turkey	59	67	67
孟加拉国	Bangladesh	46	52	56
柬埔寨	Cambodia	53	53	57
埃及	Egypt	45	54	47
匈牙利	Hungary	60	63	67
黎巴嫩	Lebanon	39	42	45
俄罗斯	Russia	44	45	52
克罗地亚	Croatia	31	41	46
哈萨克斯坦	Kazakhstan	46	51	41
蒙古国	Mongolia	31	37	42

续表

53个沿线国家		宏观环境友好指数得分		
		2015—2016	2016—2017	2017—2018
黑山	Montenegro	39	43	48
罗马尼亚	Romania	62	64	63
保加利亚	Bulgaria	43	52	53
摩尔多瓦	Moldova	38	39	44
巴基斯坦	Pakistan	46	54	62
越南	Vietnam	55	54	57
伊朗	Iran	27	45	50
科威特	Kuwait	29	37	42
尼泊尔	Nepal	29	32	33
乌克兰	Ukraine	30	22	29
塞尔维亚	Serbia	38	43	52
吉尔吉斯斯坦	Kyrgyzstan	28	29	34
波黑	Bosnia and Herzegovina	23	31	40
也门	Yemen	—	16	22

（三）主要国家得分分析

1. 静态比较

在此选出2017—2018年度宏观环境友好指数得分前十名及后十名的国家进行对比分析，看这些国家得分高低的主要成因，由此给投资人一个相对清晰的视角，也为这些国家提供一些改善投资友好性的参考。

将表3-2中受数据可得性影响使宏观环境友好指数得分为零的国家除外，共计53个国家加以排序，得分前十名的国家及其宏观环境友好指数得分、相关指标值及排序列入表3-3，得分后十名的国家列入表3-4。

表 3 - 3　　　　　　宏观环境友好指数得分前十名的国家

国家	宏观环境友好指数	国内市场规模	通货膨胀率	FDI 与技术转移	规则对FDI 的影响
新加坡	88	7	100	100	100
阿拉伯联合酋长国	83	21	80	81	84
马来西亚	77	23	42	63	82
以色列	75	7	97	72	82
捷克	75	14	98	81	79
斯洛伐克	73	7	100	81	55
印度	72	40	—	50	58
泰国	72	11	83	66	55
印度尼西亚	71	31	100	44	63
卡塔尔	69	27	100	56	79

表 3 - 4　　　　　　宏观环境友好指数得分后十名的国家

国家	宏观环境友好指数	国内市场规模	通货膨胀率	FDI 与技术转移	规则对FDI 的影响
塔吉克斯坦	43	46	87	31	45
蒙古国	42	13	86	25	34
科威特	42	30	64	6	26
哈萨克斯坦	41	100	100	41	34
波黑	40	3	100	25	16
不丹	36	36	0	25	55
吉尔吉斯斯坦	34	12	—	25	21
尼泊尔	33	71	—	28	26
乌克兰	29	96	7	13	26
也门	22	41	91	0	0

比较表 3 - 3 与表 3 - 4 数据可知，得分前十名的国家，其经济总规模均居于平均线以上，其中也包括了经济总量较高的印度与印度尼西亚，但经济总量并不占优势的新加坡，却由于通货膨胀率相对较低、技术转移得分较高以及规则对 FDI 的影响得分相对较高，名列宏观环境友好性第一。宏观环境友好性最低的十个国家，其市场总容量却并不很差。而 FDI 与技术转移、规则对

FDI 的影响这两项的得分，宏观环境友好指数得分前十名的国家这两项得分均处于前列；而宏观环境友好指数得分后十名的国家，这两项得分则非常低。

可见，一个国家的经济总量从市场总容量与吸引海外投资以及投资友好性之间，并不一定是线性关系。而一国对海外直接投资的政策，严重影响投资友好性中宏观环境友好性的得分，从而影响投资友好性得分。

2. 动态分析

仅以 2018 年宏观环境友好指数得分前三名的新加坡、阿拉伯联合酋长国、马来西亚，以及 2018 年宏观环境友好指数后十名中三年数据比较齐全的三个国家塔吉克斯坦、蒙古国和科威特为例，对六国指标的动态变化做一个对比分析（见图 3 - 1 至图 3 - 8）。

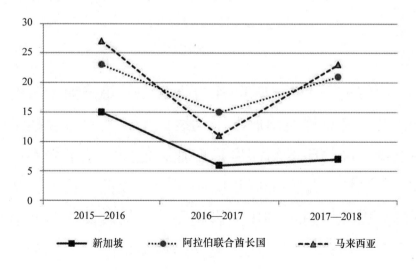

图 3 - 1　国内市场规模动态图（宏观环境友好前三名）

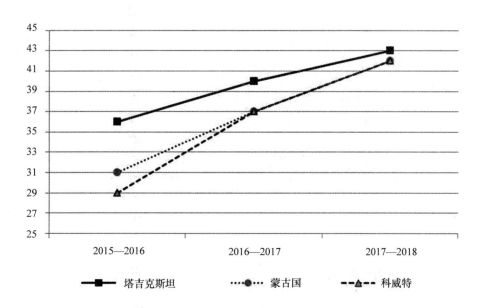

图 3-2　国内市场规模动态图（宏观环境友好后三名）

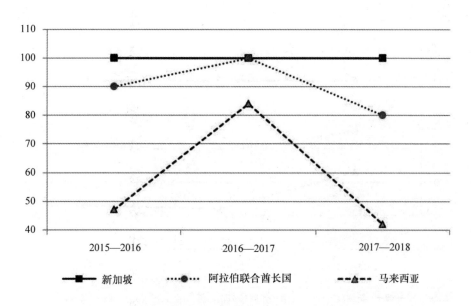

图 3-3　通货膨胀率动态图（宏观环境友好前三名）

注：通货膨胀是一个区域型指标，处于最佳区间，得分100，其他过高或过低，得分均会降低。

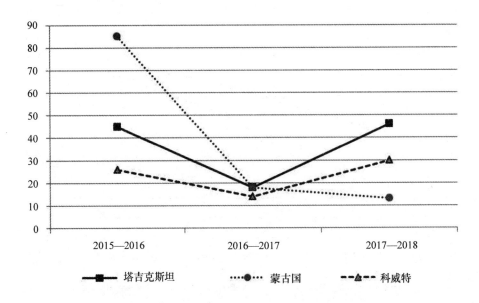

图 3 - 4 通货膨胀率动态图（宏观环境友好后三名）

注：通货膨胀是一个区域型指标，处于最佳区间，得分 100，其他过高或过低，得分均会降低。

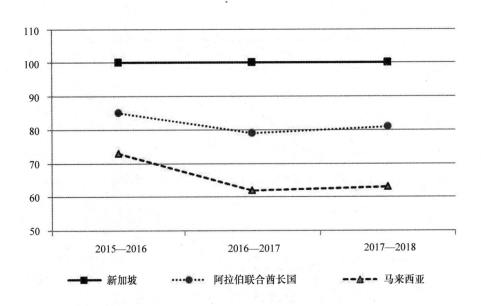

图 3 - 5 FDI 与技术转移动态图（宏观环境友好前三名）

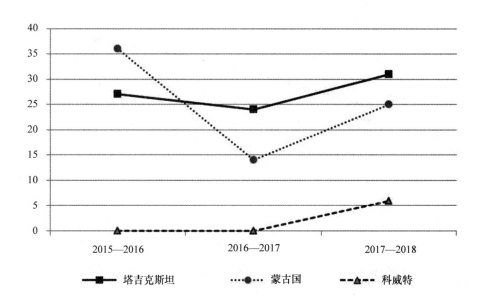

图 3 - 6　FDI 与技术转移动态图（宏观环境友好后三名）

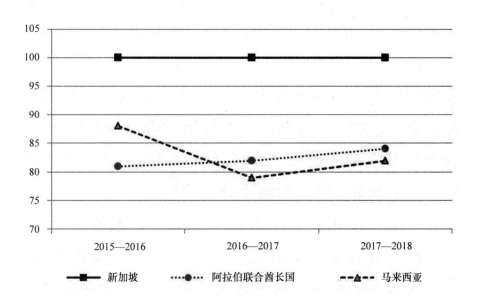

图 3 - 7　规则对 FDI 的影响动态图（宏观环境友好前三名）

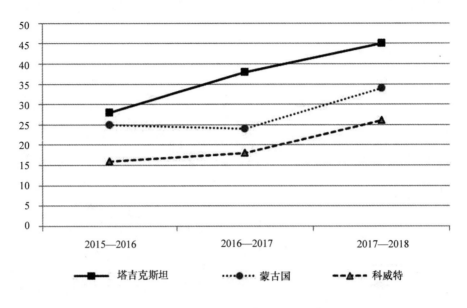

图 3 - 8　规则对 FDI 的影响动态图（宏观环境友好后三名）

　　由上组图可见，除了市场总规模以外，其他诸如通货膨胀率、FDI 与技术转移以及规则对 FDI 的影响，排名第一的新加坡其指标值均为最高得分，且连续三年保持均衡，另两个排名前三的国家，这三个指标取值也很高。相反，宏观环境友好指数得分较低的国家，其市场规模可能较大，但通货膨胀率、FDI 与技术转移以及规则对 FDI 的影响得分均较低。

　　市场规模的影响因素复杂，既与国家领土大小、人口多少等客观因素紧密相关，也与经济发达程度、国民收入水平相关。这些方面一个国家短期内能努力的余地都相当有限，通货膨胀率也受经济形势影响，短期政策也比较难以起到作用。但 FDI 与技术转移以及规则对 FDI 的影响这两个因素却与当前政策紧密相关，属于各国政府可以主动努力的地方。由此我们也可以发现一个现象，在 FDI 与技术转移方面，得分后三名的国家在 2017—2018 年度都在努力提升，而在规则对 FDI 影响方面，已经连续两年有所上升，体现了这些国家引进外资的急迫心情与自身努力。无论如何，作为影响投资友好指数的宏观环境友好指数，在政策可以影响的方面，各国都在努力提高自己的吸引力。

四　人力资源友好指数

（一）指数构成及权重

投资东道国的劳动力状况也是投资人所考虑的重要因素。为衡量一国的劳动力状况，我们将其分为劳动力的质量、使用效率和公平三个方面。其中，我们用国家吸引人才和留住人才的能力来衡量劳动力质量；用专业性管理可靠度来反映人才的使用效率；用女性劳动力参与率来简单刻画劳动力使用的公平性。因此，人力资源友好指数以专业性管理可靠度、国家留住人才的能力、国家吸引人才的能力、女性劳动力参与率、工资和生产效率五个指标为代表。同时以历史数据为基础，以因子分析方程获得各指标，并加以归一化，得到各指标权重。如表4-1所示。

表4-1 人力资源友好指数

一级指标	二级指标	权重（%）
人力资源友好指数	专业性管理可靠度	22.63
	国家留住人才的能力	23.88
	国家吸引人才的能力	23.72
	女性劳动力参与率	7.41
	工资和生产效率	22.36

数据均来源于"世界经济论坛"每年发布的《全球竞争力报告》的调查数据。

（二）沿线各国人力资源友好指数得分

以上述指标为基础搜集数据，以所得权重计算各国得分，可得如表4-2所示"一带一路"沿线国家人力资源友好指数得分。

表4-2 "一带一路"沿线各国人力资源友好指数三年得分（2015—2018）

52个沿线国家		人力资源友好指数得分		
		2015—2016	2016—2017	2017—2018
新加坡	Singapore	96	97	96
阿拉伯联合酋长国	United Arab Emirates	87	89	90
卡塔尔	Qatar	92	87	82
马来西亚	Malaysia	86	83	80
以色列	Israel	54	67	72
阿塞拜疆	Azerbaijan	50	57	68
巴林	Bahrain	70	63	63
印度尼西亚	Indonesia	58	59	63

续表

52 个沿线国家		人力资源友好指数得分		
		2015—2016	2016—2017	2017—2018
印度	India	44	55	61
捷克	Czech	57	58	59
爱沙尼亚	Estonia	59	59	59
沙特阿拉伯	Saudi Arabia	61	61	58
不丹	Bhutan	53	51	54
塔吉克斯坦	Tajikistan	48	52	54
泰国	Thailand	54	53	54
老挝	Laos	51	51	52
阿曼	Oman	46	48	50
菲律宾	Philippines	56	50	50
柬埔寨	Cambodia	44	43	47
俄罗斯	Russia	43	43	44
哈萨克斯坦	Kazakhstan	53	47	43
立陶宛	Lithuania	44	44	42
越南	Vietnam	42	38	42
斯里兰卡	Sri Lanka	45	45	41
亚美尼亚	Armenia	33	34	40
波兰	Poland	36	37	40
约旦	Jordan	46	42	39
阿尔巴尼亚	Albania	38	34	38
斯洛伐克	Slovakia	37	36	37
斯洛文尼亚	Slovenia	35	36	37
拉脱维亚	Latvia	47	37	36
巴基斯坦	Pakistan	30	28	35
格鲁吉亚	Georgia	38	36	34
孟加拉国	Bangladesh	25	28	33
黑山	Montenegro	34	28	32
土耳其	Turkey	35	29	32
黎巴嫩	Lebanon	27	29	31
乌克兰	Ukraine	39	34	30
匈牙利	Hungary	28	23	29
保加利亚	Bulgaria	25	31	28
科威特	Kuwait	32	28	28

续表

52 个沿线国家		人力资源友好指数得分		
		2015—2016	2016—2017	2017—2018
吉尔吉斯斯坦	Kyrgyzstan	28	26	28
尼泊尔	Nepal	27	23	26
蒙古国	Mongolia	37	25	25
埃及	Egypt	18	17	24
摩尔多瓦	Moldova	24	19	23
伊朗	Iran	13	14	22
也门	Yemen	—	16	22
克罗地亚	Croatia	24	26	21
塞尔维亚	Serbia	11	12	21
罗马尼亚	Romania	31	23	20
波黑	Bosnia and Herzegovina	7	7	7

（三）主要国家得分分析

1. 静态比较

在此选出 2017—2018 年度人力资源友好指数得分前十名及后十名的国家进行对比分析，看这些国家得分高低的主要成因，由此给投资人一个相对清晰的视角，也为这些国家提供一些改善投资友好性的参考。

把表 4 - 2 受数据可得性影响使人力资源友好指数得分为零的国家除外，共计 52 个国家加以排序，得分前十名的国家及其人力资源友好指数得分、相关指标值及排序列入表 4 - 3，得分后十名的国家列入表 4 - 4。

表4-3　　　　　　　　人力资源友好指数得分前十名的国家

国家	人力资源友好指数	专业性管理可靠度	国家留住人才能力	国家吸引人才能力	女性劳动力参与率	工资和生产效率
新加坡	96	100	93	96	73	100
阿拉伯联合酋长国	90	84	100	100	33	92
卡塔尔	82	79	85	87	44	88
马来西亚	80	82	83	73	54	92
以色列	72	82	75	53	85	72
阿塞拜疆	68	58	68	69	89	72
巴林	63	63	65	67	31	68
印度尼西亚	63	63	63	64	50	68
印度	61	58	70	69	16	60
捷克	59	79	48	38	75	68

表4-4　　　　　　　　人力资源友好指数得分后十名的国家

国家	人力资源友好指数	专业性管理可靠度	国家留住人才能力	国家吸引人才能力	女性劳动力参与率	工资和生产效率
尼泊尔	26	26	23	18	90	16
蒙古国	25	34	15	22	53	20
埃及	24	39	28	18	11	16
摩尔多瓦	23	32	3	4	84	36
伊朗	22	26	28	22	0	20
也门	22	41	91	0	0	—
克罗地亚	21	34	8	4	81	20
塞尔维亚	21	24	0	9	69	36
罗马尼亚	20	34	5	9	69	16
波黑	7	16	0	0	51	0

　　比较表4-3与表4-4数据可知，人力资源友好指数得分前十名的国家，其五项分指标的得分均居于平均线以上。由表中数据可知，新加坡除了在国家留住人才能力、国家吸引人才能力指标中稍居次位，其余三项分指标均为第一，因此综合而言，人力资源友好指数位于第一。在排名后十位的国家中，分指标得分并非都很差。如尼泊尔的女性劳动力参与率得分高

达90，也门的国家留住人才能力为91，但其他分指标得分普遍较低，导致人力资源友好指数偏低。

可见，一个国家的人力资源友好水平是一种综合的体现，"偏科"是要不得的。只有各指标得分均衡，才能营造优良的人力资源环境。在所有五个分指标中，除女性劳动力参与率权重明显偏低外，其余四项对人力资源友好的影响几乎一样显著。

2. 动态分析

仅以人力资源友好指数前三名的新加坡、阿拉伯联合酋长国、卡塔尔，以及人力资源友好指数后三名的塞尔维亚、罗马尼亚、波黑为例，对六国指标的动态变化做一个对比分析。

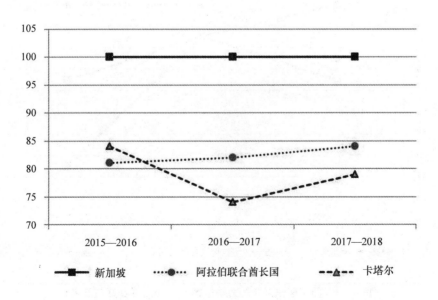

图4-1 专业性管理可靠度动态图（人力资源友好前三名）

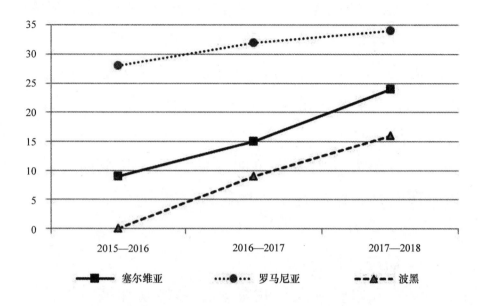

图 4 - 2　专业性管理可靠度动态图（人力资源友好后三名）

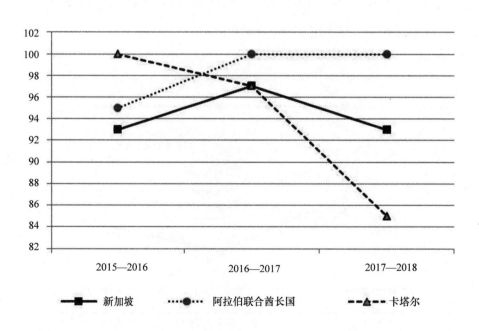

图 4 - 3　国家留住人才能力动态图（人力资源友好前三名）

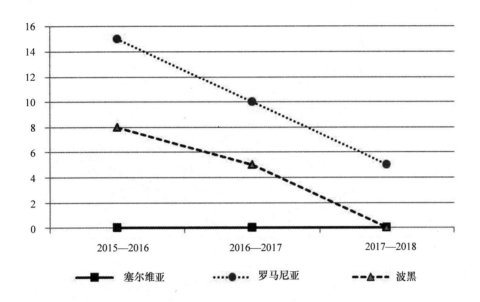

图4-4　国家留住人才能力动态图（人力资源友好后三名）

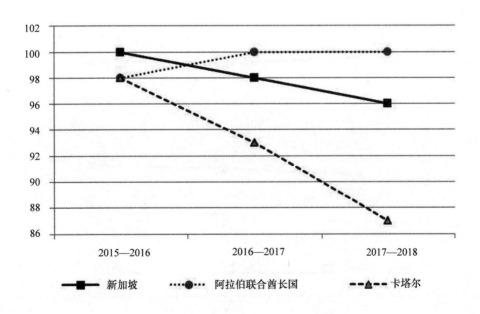

图4-5　国家吸引人才能力动态图（人力资源友好前三名）

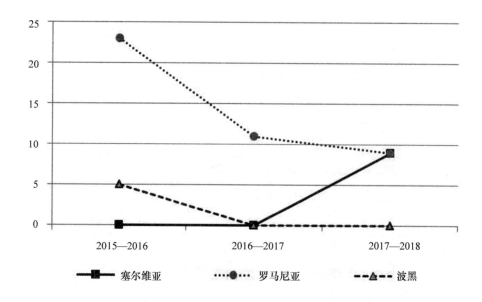

图 4-6　国家吸引人才能力动态图（人力资源友好后三名）

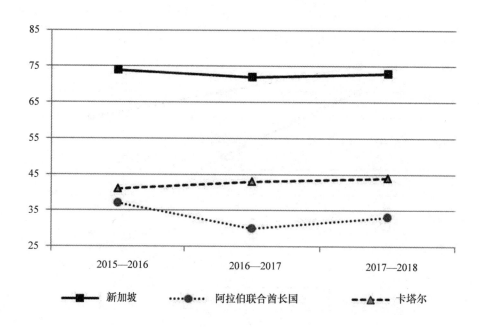

图 4-7　女性劳动力参与率动态图（人力资源友好前三名）

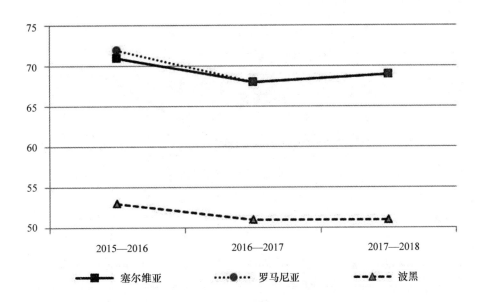

图 4-8 女性劳动力参与率动态图（人力资源友好后三名）

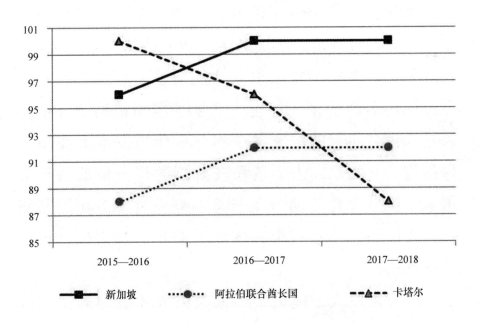

图 4-9 工资和生产效率动态图（人力资源友好前三名）

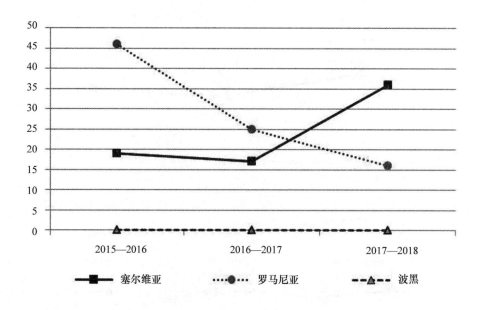

图 4 - 10 工资和生产效率动态图（人力资源友好后三名）

由图 4 - 1 至图 4 - 10 可见，排名第一的新加坡在专业性管理可靠度、工资和生产效率的得分均为最高，在其他指标诸如国家吸引人才能力、国家留住人才能力方面均名列前茅，且连续三年基本保持均衡。整体来看，排名前三的国家各项得分三年里基本上在高位保持均衡。相反，人力资源友好指数得分最低的三个国家，虽然女性劳动力参与率得分尚可，但在国家留住人才能力、国家吸引人才能力的得分都太低，导致总分落后。

国家留住人才能力、国家吸引人才能力的影响因素复杂，不仅与国家的经济发达程度、国民收入水平、政策支持紧密相关，还与科技发展水平、文化友好程度相关。这些因素短期内一个国家能做出的改变有限，但通过政策的倾斜，可以得到一定改善。而专业性管理可靠度则是长期努力才能进步的因素，女性劳动力参与率则与一国的文化传统有密切联系。在这些方面，短时期内一国能做出的努力有限。

值得注意的是，排名后三位的国家在专业性管理可靠度、工资和生产效率上有明显的提高，体现了这些国家注重专业性、提高工资效率的努力和迫切。但人力资源友好指数的五项指标是相互联动、共同作用的，若要营造一个良好的人力资源环境，就要全面兼顾五个指标，从而综合改善和提升人力资源领域的效率、专业性和公平性，为吸引外资提供良好的市场基础。

五　基础设施友好指数

（一）指数构成及权重

影响一国对海外投资程度的一个重要因素体现为基础设施建设方面。其中，既包括该国的对外通信基础设施，也包括对外交通基础设施。本章以"电力供应质量"和"移动电话服务"来代表各国的对外通信基础设施水平，并从铁路、航空、公路、港口四个方面来分析各国的对外交通运输基础设施水平。因此，基础设施友好指数即以电力供应质量、移动电话服务、交通运输指数三个二级指标代表，其中，交通运输指数以铁路、航空、公路和港口四个指标代表。同时以历史数据为基础，以因子分析方程获得各指标，加以归一化，得到各指标权重。如表 5 - 1 所示。

表 5 - 1　　　区域内国家基础设施友好指数指标及对应权重构成

一级指标	二级指标	权重（%）	三级指标	权重（%）
基础设施友好指数	电力供应质量	17.07		
	移动电话服务	11.32		
	交通运输指数	71.61	铁路	15.94
			航空	30.7
			公路	30.38
			港口	22.97

数据均来源于"世界经济论坛"每年发布的《全球竞争力报告》的调查数据。

（二）沿线各国基础设施友好指数得分

以上述指标为基础搜集数据，以所得权重计算各国得分，可得如表 5 - 2 所示"一带一路"沿线各国基础设施友好指数得分。

表 5 - 2　"一带一路"沿线各国基础设施友好指数三年得分（2015—2018）

42 个沿线国家		基础设施友好指数得分		
		2015—2016	2016—2017	2017—2018
新加坡	Singapore	95	94	94
马来西亚	Malaysia	78	76	74
爱沙尼亚	Estonia	59	63	68
以色列	Israel	57	63	66
阿塞拜疆	Azerbaijan	54	58	64
沙特阿拉伯	Saudi Arabia	65	61	63
立陶宛	Lithuania	62	62	61
捷克	Czech	62	60	58

续表

42 个沿线国家		基础设施友好指数得分		
		2015—2016	2016—2017	2017—2018
约旦	Jordan	48	57	58
克罗地亚	Croatia	55	54	56
泰国	Thailand	54	50	56
拉脱维亚	Latvia	59	55	55
斯洛文尼亚	Slovenia	58	55	55
印度	India	46	52	54
印度尼西亚	Indonesia	45	48	54
波兰	Poland	50	51	54
土耳其	Turkey	54	53	54
埃及	Egypt	39	39	53
俄罗斯	Russia	47	49	53
格鲁吉亚	Georgia	48	47	50
斯洛伐克	Slovakia	51	49	48
匈牙利	Hungary	51	45	47
斯里兰卡	Sri Lanka	58	52	47
伊朗	Iran	42	43	46
黑山	Montenegro	42	41	46
保加利亚	Bulgaria	29	42	44
哈萨克斯坦	Kazakhstan	45	45	43
亚美尼亚	Armenia	36	38	41
越南	Vietnam	42	42	40
阿尔巴尼亚	Albania	43	40	39
塔吉克斯坦	Tajikistan	32	38	39
乌克兰	Ukraine	39	38	39
巴基斯坦	Pakistan	33	33	37
罗马尼亚	Romania	33	32	37
塞尔维亚	Serbia	31	31	37
柬埔寨	Cambodia	31	32	31
孟加拉国	Bangladesh	24	27	30
摩尔多瓦	Moldova	28	28	30
菲律宾	Philippines	32	27	27
蒙古国	Mongolia	21	22	26
波黑	Bosnia and Herzegovina	18	22	23
吉尔吉斯斯坦	Kyrgyzstan	18	19	22

（三）主要国家得分分析

1. 静态比较

在此选出 2017—2018 年度基础设施友好指数得分前十名及后十名的国家进行对比分析，看这些国家得分高低的主要成因，由此给投资人一个相对清晰的视角，也为这些国家提供一些改善投资友好性的参考。

将表 5-2 中受数据可得性影响使基础设施友好指数得分为零的国家除外，共计 42 个国家加以排序，得分前十名的国家及其基础设施友好指数得分、相关指标值及排序列入表 5-3，得分后十名的国家列入表 5-4。

表 5-3　　　　基础设施友好指数得分前十名的国家

国家	基础设施友好指数	交通运输指数	电力供应质量	移动电话服务
新加坡	94	99	7	100
马来西亚	74	76	23	86
爱沙尼亚	68	66	15	68
以色列	66	64	7	89
阿塞拜疆	64	67	86	76
沙特阿拉伯	63	57	31	70
立陶宛	61	59	14	73
捷克	58	54	14	76
约旦	58	49	5	62
克罗地亚	56	54	3	41

表 5 - 4   基础设施友好指数得分后十名的国家

国家	基础设施友好指数	交通运输指数	电力供应质量	移动电话服务
巴基斯坦	37	43	28	59
罗马尼亚	37	30	0	51
塞尔维亚	37	30	17	46
柬埔寨	31	27	28	65
孟加拉国	30	30	49	41
摩尔多瓦	30	24	49	49
菲律宾	27	20	21	62
蒙古国	26	19	13	46
波黑	23	15	3	43
吉尔吉斯斯坦	22	14	12	24

比较表 5 - 3 与表 5 - 4 数据可知，基础设施友好指数得分前十名的国家，其交通、电力、通信状况都较好。排名第一的新加坡尽管电力供应质量得分较差，但由于其他各项均较好而得到最高的基础设施友好指数得分，对于其他有个别分指标得分极高而排名处于新加坡之后的国家，可以发现，分项指标的低波动性、高平稳性是其基础设施友好指数排名靠前的主要原因。从实际意义上来看，基础设施建设必得兼顾通信以及海陆空运输的方方面面，才能对一国的长期发展起到基础性支持作用。相反，基础设施友好指数最低的十个国家中，分指标基本都处于末位。

因此，一个国家若要提高其基础设施吸引力，首先从政策制定上就要注重电力、移动电话、铁路、航空、公路与港口等方面的建设，其次再保证政策实施与执行力度以及相关的经济和技术层面的支持，从而在根本上改善本国的基础设施状况，吸引海外投资者。

2. 动态分析

仅以基础设施友好指数得分前三名的新加坡、马来西亚和爱沙尼亚，与排在后三名的蒙古国、波黑和吉尔吉斯斯坦为例，对六国基础设施友好指数相关指标的动态变化做一个对比分析。

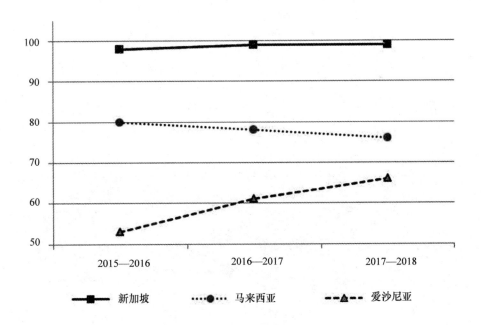

图 5 - 1　交通运输指数动态图（基础设施友好前三名）

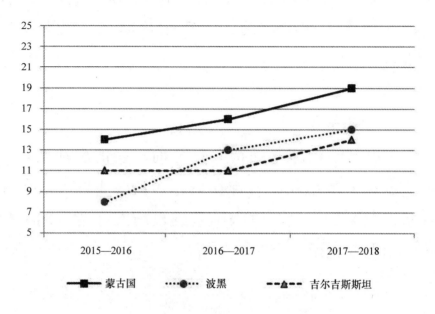

图 5 – 2　交通运输指数动态图（基础设施友好后三名）

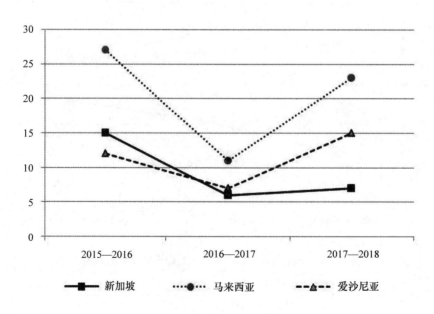

图 5 – 3　电力供应质量动态图（基础设施友好前三名）

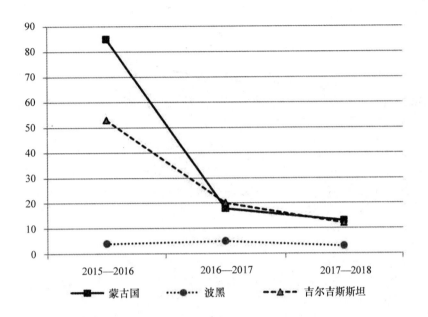

图 5 - 4　电力供应质量动态图（基础设施友好后三名）

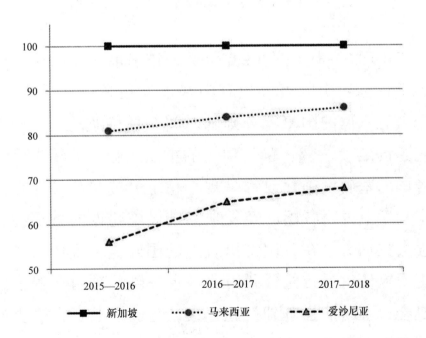

图 5 - 5　移动电话服务动态图（基础设施友好前三名）

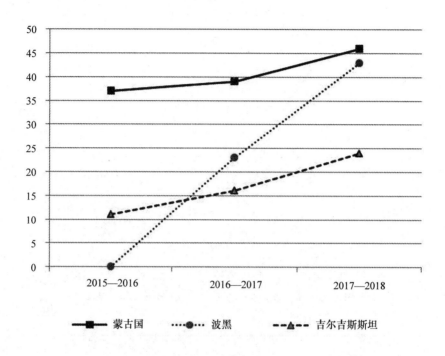

图 5-6 移动电话服务动态图（基础设施友好后三名）

由图 5-1 至图 5-6 可见，排名前三位的国家在各个指标当中的得分随时间基本上在高位保持均衡，排名后三位的国家得分则随时间在低位波动。基础设施建设是"一带一路"项目的重点工程，近年来沿线各国的基础设施建设都呈现平稳上升的趋势，这在一定程度上说明各国已经发现基础设施建设的重要性和强大拉动力，在各国奋勇直追的国际化浪潮中，各国更要抓住机遇，充分利用"一带一路"项目所提供的机会，不断加强基础设施建设，为吸引投资提供更好的基础设施建设环境。

六 制度环境友好指数

(一) 指数构成及权重

投资东道国的制度环境状况也是投资人所考虑的重要因素。为衡量一国的制度环境状况，我们主要考虑了其政府机构和法律机构两大方面的制度环境。其中，我们通过政府决策透明度指数来观察一国制度环境的民主程度，并通过政府效率指数来观察政府政策的实施程度。在法律机构方面，我们一方面通过司法独立性指标从法律的角度再次衡量一国的制度环境民主程度，另一方面通过法律权利指数来衡量一国法律制度环境的治理力度。由于该指数分析侧重于一国的投资友好程度，因此在法律权利指数的度量方面，我们选择了中小股东保护和投资者保护两个角度来分析。综上，制度环境友好指数以政府决策透明度、政府效率、司法独立性、法律权利指数（中小股东保护、投资者保护）四个指标代表。同时以历史数据为基础，以因子分析方程获得各指标载荷并加以归一化，得到各指标权重。如表 6 - 1 所示。

表 6 - 1　　　　　　　　制度环境友好指数构成

一级指标	二级指标	权重（%）	三级指标	权重（%）
制度环境友好指数	政府决策透明度	19.15		
	政府效率	39.57		
	司法独立性	18.43		
	法律权利指数	22.86	中小股东保护	86.27
			投资者保护	13.73

数据均来源于"世界经济论坛"每年发布的《全球竞争力报告》的调查数据。

（二）沿线各国制度环境友好指数得分

以上述指标为基础搜集数据，以所得权重计算各国得分，可得如表 6 - 2 所示"一带一路"沿线各国制度环境指数得分。

表 6 - 2　"一带一路"沿线各国制度环境友好指数三年得分（2015—2018）

52 个沿线国家		制度环境友好指数得分		
		2015—2016	2016—2017	2017—2018
新加坡	Singapore	95	98	98
阿拉伯联合酋长国	United Arab Emirates	82	84	92
卡塔尔	Qatar	88	83	77

续表

52 个沿线国家		制度环境友好指数得分		
		2015—2016	2016—2017	2017—2018
马来西亚	Malaysia	78	74	74
以色列	Israel	60	67	73
沙特阿拉伯	Saudi Arabia	67	66	68
巴林	Bahrain	61	65	66
阿曼	Oman	59	62	64
阿塞拜疆	Azerbaijan	41	49	61
不丹	Bhutan	55	55	61
爱沙尼亚	Estonia	64	63	61
印度	India	50	57	60
印度尼西亚	Indonesia	48	49	55
塔吉克斯坦	Tajikistan	47	54	54
泰国	Thailand	46	44	49
约旦	Jordan	51	51	48
哈萨克斯坦	Kazakhstan	51	51	47
文莱	Brunei	—	—	46
科威特	Kuwait	47	46	44
捷克	Czech	49	50	43
格鲁吉亚	Georgia	46	46	42
黑山	Montenegro	39	38	42
阿尔巴尼亚	Albania	36	39	41
埃及	Egypt	34	34	41
老挝	Laos	39	40	40
立陶宛	Lithuania	41	42	40
亚美尼亚	Armenia	34	39	39
斯里兰卡	Sri Lanka	51	49	39
俄罗斯	Russia	28	33	38
巴基斯坦	Pakistan	31	32	37
斯洛文尼亚	Slovenia	31	36	37
越南	Vietnam	33	33	36
保加利亚	Bulgaria	28	32	34
尼泊尔	Nepal	30	32	34
罗马尼亚	Romania	36	32	34
菲律宾	Philippines	37	35	33
波兰	Poland	42	39	33
伊朗	Iran	28	29	32
孟加拉国	Bangladesh	20	25	31

续表

52 个沿线国家		制度环境友好指数得分		
		2015—2016	2016—2017	2017—2018
吉尔吉斯斯坦	Kyrgyzstan	27	28	31
匈牙利	Hungary	29	26	29
塞尔维亚	Serbia	19	21	27
拉脱维亚	Latvia	41	35	26
蒙古国	Mongolia	31	32	25
斯洛伐克	Slovakia	22	23	25
柬埔寨	Cambodia	20	23	23
克罗地亚	Croatia	22	24	22
乌克兰	Ukraine	15	15	21
黎巴嫩	Lebanon	20	22	20
摩尔多瓦	Moldova	21	17	20
波黑	Bosnia and Herzegovina	13	14	15
也门	Yemen	—	11	10

（三）主要国家得分分析

1. 静态比较

在此选出 2017—2018 年度制度环境友好指数得分前十名及后十名的国家进行对比分析，看这些国家得分高低的主要成因，由此给投资人一个相对清晰的视角，也为这些国家提供一些改善投资友好性的参考。

将表 6-2 中受数据可得性影响使制度环境友好指数得分为零的国家除外，共计 52 个国家加以排序，得分前十名的国家及其制度环境友好指数得分、相关指标值及排序列入表 6-3，得分后十名的国家列入表 6-4。

表6-3 制度环境友好指数得分前十名的国家

国家	制度友好指数环境	政府决策透明度	政府效率	司法独立性	法律权利指数
新加坡	98	57	99	100	100
阿拉伯联合酋长国	92	62	94	92	95
卡塔尔	77	51	87	78	62
马来西亚	74	66	71	86	87
以色列	73	51	53	89	87
沙特阿拉伯	68	77	73	70	65
巴林	66	28	62	73	66
阿曼	64	45	68	51	62
阿塞拜疆	61	43	63	76	61
不丹	61	0	69	41	52

表6-4 制度环境友好指数得分后十名的国家

国家	制度友好指数环境	政府决策透明度	政府效率	司法独立性	法律权利指数
拉脱维亚	26	26	13	54	32
蒙古国	25	21	16	46	35
斯洛伐克	25	43	11	81	42
柬埔寨	23	28	22	65	33
克罗地亚	22	34	7	41	45
乌克兰	21	53	15	35	28
黎巴嫩	20	36	11	32	29
摩尔多瓦	20	15	15	49	32
波黑	15	26	13	43	18
也门	10	32	13	0	12

制度环境友好指数得分前十名的国家，其制度环境相关指标均居于平均线以上。由表6-3中数据可知，近三年来，新加坡在四项分项指标中多数情况下位列第一，因此综合而言，制度环境友好指数居于第一。

可见，一个国家的制度环境友好水平是由政府决策透明度、政府效率、司法独立性和法律权利指数四项指标综合起来共同决定的，各指标相辅相成，相互作用。因此，各国应该从这几方面出发，全面促进制度环境建设，提高制度环境综合水平，为吸引外资提供良好的制度基础。

2. 动态分析

仅以制度环境友好指数得分前三名的新加坡、阿拉伯联合酋长国、卡塔尔，以及制度环境友好指数得分后三名的黎巴嫩、摩尔多瓦、波黑（排在最后的也门部分数据缺失，因此此处以此三国为例进行分析）为例，对六国指标的动态变化做一个对比分析。

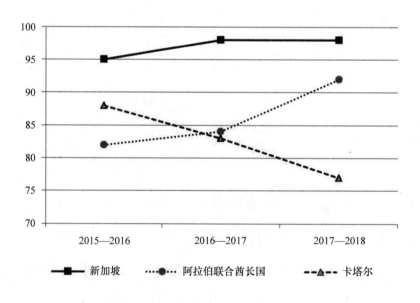

图 6 - 1　政府决策透明度动态图（制度环境友好前三名）

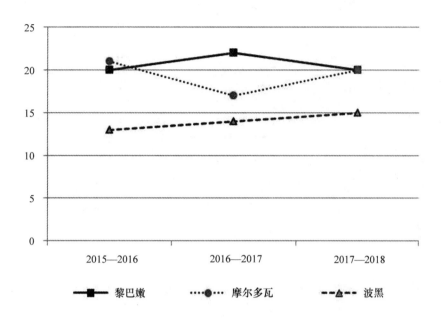

图6-2 政府决策透明度动态图（制度环境友好后三名）

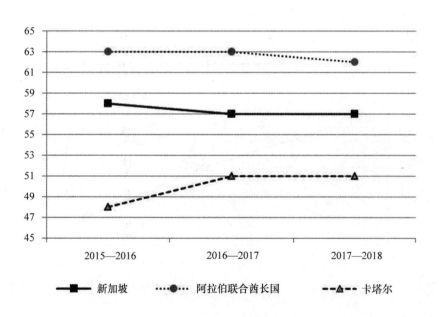

图6-3 政府效率动态图（制度环境友好前三名）

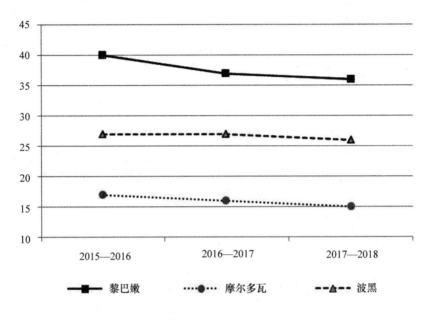

图 6 - 4 政府效率动态图（制度环境友好后三名）

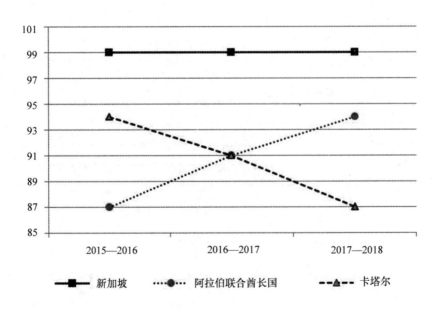

图 6 - 5 司法独立性动态图（制度环境友好前三名）

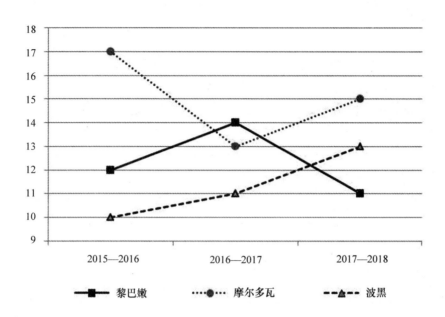

图6-6　司法独立性动态图（制度环境友好后三名）

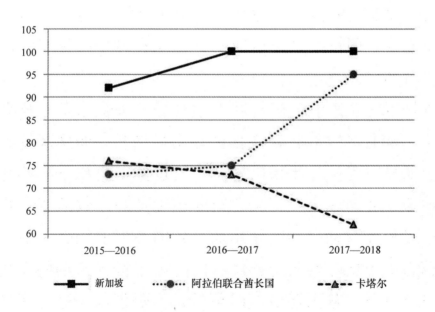

图6-7　法律权利指数动态图（制度环境友好前三名）

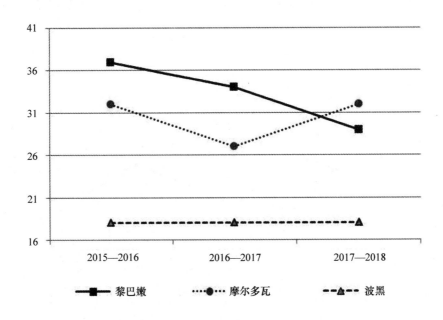

图6-8 法律权利指数动态图（制度环境友好后三名）

由制度环境友好指数得分前十名国家近三年得分动态变化图可见，排名前三的国家在各个指标当中的得分随时间基本上保持在高位，其中排名第一位的新加坡近三年来制度环境状况呈现稳定发展态势；排名第二位的阿拉伯联合酋长国却明显增长，制度环境状况明显改善；与此相比排名第三位的卡塔尔下降趋势明显，波动较大。可见，制度环境友好指数的四项指标是相互联动，共同作用的，各国不仅要综合全面地营造一个良好的制度环境，同时由于世界市场的变化日新月异，各国还要与时俱进，不断创新，避免制度建设制约经济的发展。

七　金融服务友好指数

（一）指数构成及权重

　　金融服务水平是影响一国投资环境的重要因素之一，金融市场的发展水平由各个金融市场主体共同决定，这些主体既包括直接融资主体，也包括间接融资主体。本报告以风险资本可用性、金融服务可用性、证券市场融资难易度、获得贷款的难易度、银行稳健性和金融服务可购性六项指标为代表，对"一带一路"沿线各国的金融服务水平进行探究，同时以历史数据为基础，以因子分析方程获得各指标载荷并加以归一化，得到各指标权重。如表7-1所示。

表 7 - 1　　　　　　　　金融服务友好指数构成

一级指标	二级指标	权重（%）
金融服务友好指数	风险资本可用性	18.45
	金融服务可用性	17.55
	证券市场融资难易度	16.66

续表

一级指标	二级指标	权重（%）
金融服务友好指数	获得贷款的难易度	16.61
	银行稳健性	12.69
	金融服务可购性	18.04

数据均来源于"世界经济论坛"每年发布的《全球竞争力报告》的调查数据。

（二）沿线各国金融服务友好指数得分

以上述指标为基础搜集数据，以所得权重计算各国得分，可得如表7-2所示"一带一路"沿线各国金融服务友好指数得分。

表7-2 "一带一路"沿线各国金融服务友好指数三年得分（2015—2018）

53个沿线国家		金融服务友好指数得分		
		2015—2016	2016—2017	2017—2018
新加坡	Singapore	94	99	98
卡塔尔	Qatar	98	92	86
阿拉伯联合酋长国	United Arab Emirates	83	84	86
以色列	Israel	65	77	83
马来西亚	Malaysia	87	82	80
爱沙尼亚	Estonia	64	72	74
泰国	Thailand	68	71	72
巴林	Bahrain	74	72	71
捷克	Czech	64	69	69
印度尼西亚	Indonesia	64	68	69
阿曼	Oman	68	67	66
印度	India	52	67	65
约旦	Jordan	61	66	65
科威特	Kuwait	52	62	63
斯洛伐克	Slovakia	60	64	63
沙特阿拉伯	Saudi Arabia	68	66	59

续表

53 个沿线国家		金融服务友好指数得分		
		2015—2016	2016—2017	2017—2018
菲律宾	Philippines	61	63	58
阿塞拜疆	Azerbaijan	37	48	57
黎巴嫩	Lebanon	48	57	55
匈牙利	Hungary	33	47	54
立陶宛	Lithuania	50	57	54
波兰	Poland	50	56	53
不丹	Bhutan	37	50	51
波黑	Bosnia and Herzegovina	23	33	51
斯里兰卡	Sri Lanka	60	58	51
埃及	Egypt	29	41	50
老挝	Laos	39	48	48
塔吉克斯坦	Tajikistan	43	50	48
土耳其	Turkey	54	50	48
越南	Vietnam	35	47	48
尼泊尔	Nepal	40	48	46
巴基斯坦	Pakistan	38	41	46
保加利亚	Bulgaria	39	50	45
拉脱维亚	Latvia	52	48	42
格鲁吉亚	Georgia	33	44	41
柬埔寨	Cambodia	33	40	40
文莱	Brunei	—	43	39
斯洛文尼亚	Slovenia	17	34	39
亚美尼亚	Armenia	35	41	38
孟加拉国	Bangladesh	34	36	38
阿尔巴尼亚	Albania	20	30	36
吉尔吉斯斯坦	Kyrgyzstan	27	32	36
黑山	Montenegro	38	37	36
克罗地亚	Croatia	34	35	33
哈萨克斯坦	Kazakhstan	43	41	32
塞尔维亚	Serbia	24	34	32
俄罗斯	Russia	39	31	30
伊朗	Iran	14	28	28
罗马尼亚	Romania	38	27	24
乌克兰	Ukraine	22	20	20
摩尔多瓦	Moldova	21	18	18
蒙古国	Mongolia	19	24	18
也门	Yemen	—	6	6

（三）主要国家得分分析

1. 静态比较

在此选出 2017—2018 年度金融服务友好指数得分前十名及后十名的国家进行对比分析，看这些国家得分高低的主要成因，由此给投资人一个相对清晰的视角，也为这些国家提供一些改善投资友好性的参考。

将表 7-2 中受数据可得性影响使金融服务友好指数得分为零的国家除外，共计 53 个国家加以排序，得分前十名的国家及其金融服务友好指数得分、相关指标值及排序列入表 7-3，得分后十名的国家列入表 7-4。

表 7-3　　　　　　　金融服务友好指数得分前十名的国家

国家	金融服务友好指数	风险资本可用性	金融服务可用性	证券市场融资难易度	获得贷款的难易度	银行稳健性	金融服务可购性
新加坡	98	7	100	100	100	93	96
卡塔尔	86	27	78	56	79	85	87
阿拉伯联合酋长国	86	21	92	81	84	100	100
以色列	83	7	89	72	82	75	53
马来西亚	80	23	86	63	82	83	73
爱沙尼亚	74	15	68	88	76	40	42
泰国	72	11	70	66	55	55	49
巴林	71	27	73	81	63	65	67
捷克	69	14	76	81	79	48	38
印度尼西亚	69	31	68	44	63	63	64

表 7 - 4　　　　　　　　　金融服务友好指数得分后十名的国家

国家	金融服务友好指数	风险资本可用性	金融服务可用性	证券市场融资难易度	获得贷款的难易度	银行稳健性	金融服务可购性
克罗地亚	33	3	41	41	34	8	4
哈萨克斯坦	32	100	49	41	34	35	42
塞尔维亚	32	17	46	44	24	0	9
俄罗斯	30	53	41	22	37	43	36
伊朗	28	65	57	19	26	28	22
罗马尼亚	24	0	51	75	34	5	9
乌克兰	20	96	35	13	26	10	22
摩尔多瓦	18	49	49	44	32	3	4
蒙古国	18	13	46	25	34	15	22
也门	6	41	0	0	0	8	9

比较表 7 - 3 与表 7 - 4 数据可知，金融服务友好指数得分前十名的国家，其金融服务相关指标均居于平均线以上。由表 7 - 3 中数据可知，新加坡在六项分项指标中三项第一，两项第二，因此综合而言，金融服务友好指数居于第一。

可见，一个国家的金融服务水平是由风险资本可用性、金融服务可用性、证券市场融资难易度、获得贷款的难易度、银行稳健性和金融服务可购性六项指标综合起来共同决定的，各指标相辅相成，相互作用。其中，金融服务可用性对整体金融服务水平的影响更为显著。因此，各国应该从这几方面出发，全面促进金融市场发展，提高金融服务综合水平，为吸引外资提供良好的市场基础。

2. 动态分析

仅以 2018 年金融服务友好指数前三名的新加坡、卡塔尔、阿拉伯联合酋长国，以及 2018 年金融服务友好指数后三名的乌克兰、摩尔多瓦、蒙古国（排在最后的也门部分数据缺失，因此此处以此三国为例进行分析）为例，对六国指标的动态变化做一个对比分析。

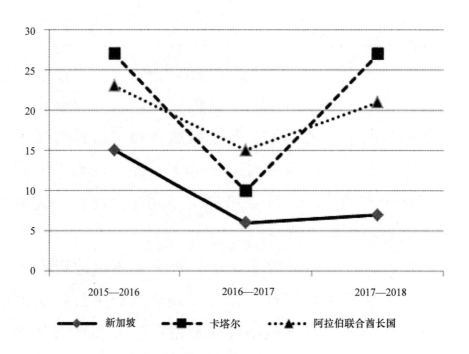

图 7 - 1　风险资本可用性动态图（金融服务友好前三名）

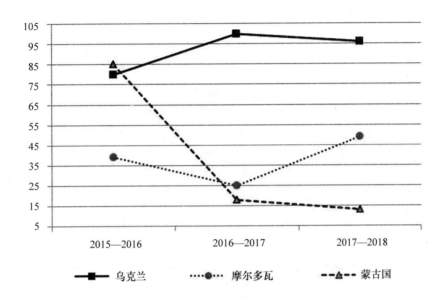

图 7-2 风险资本可用性动态图（金融服务友好后三名）

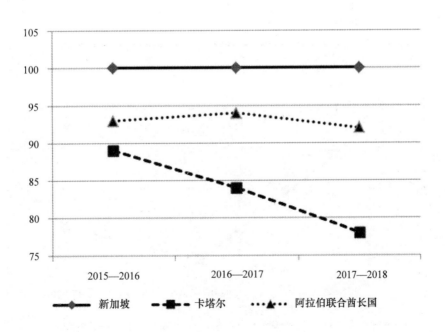

图 7-3 金融服务可用性动态图（金融服务友好前三名）

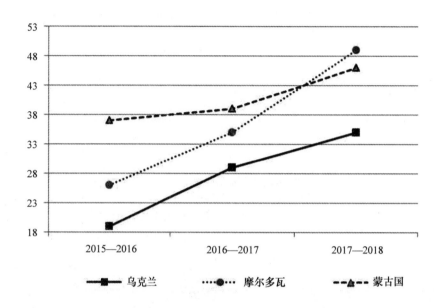

图7-4 金融服务可用性动态图（金融服务友好后三名）

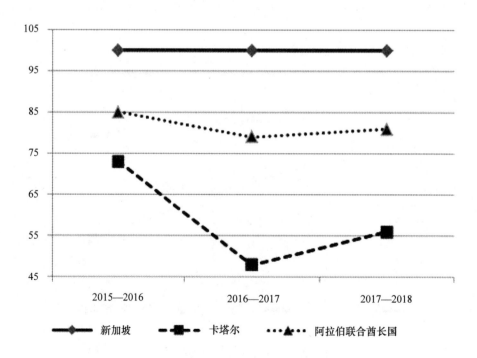

图7-5 证券市场融资难易度动态图（金融服务友好前三名）

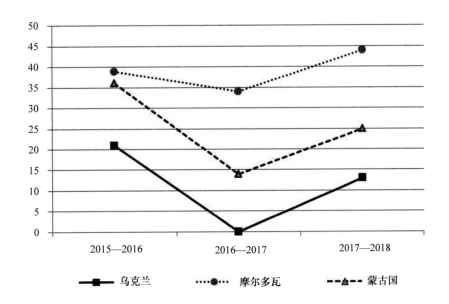

图7-6 证券市场融资难易度动态图（金融服务友好后三名）

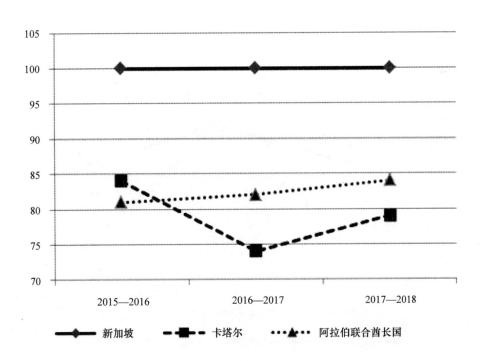

图7-7 获得贷款的难易度动态图（金融服务友好前三名）

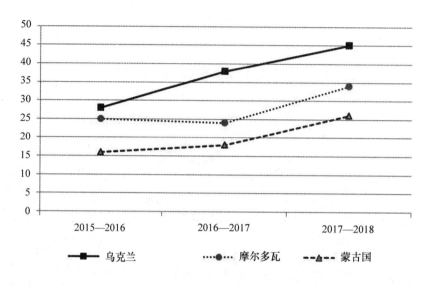

图7-8　获得贷款的难易度动态图（金融服务友好后三名）

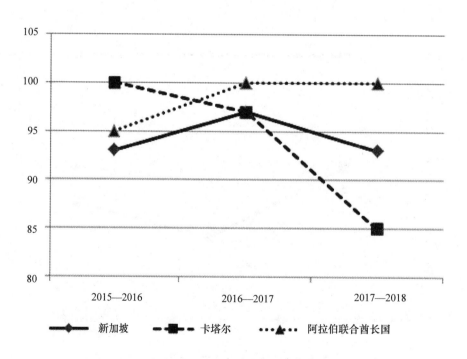

图7-9　银行稳健性动态图（金融服务友好前三名）

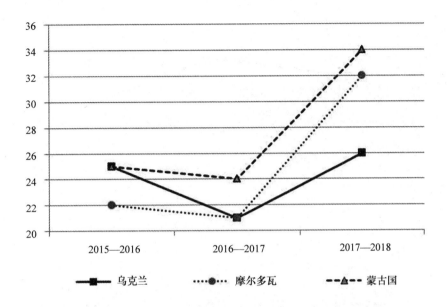

图 7 - 10 银行稳健性动态图（金融服务友好后三名）

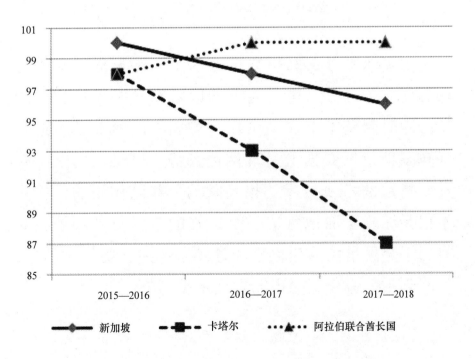

图 7 - 11 金融服务可购性动态图（金融服务友好前三名）

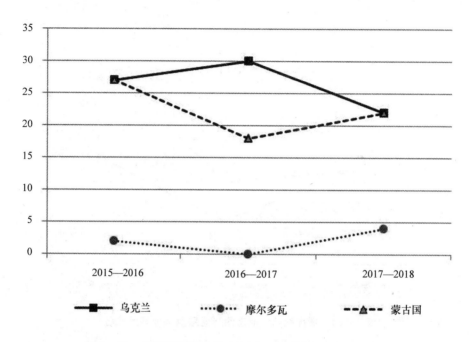

图 7 - 12　金融服务可购性动态图（金融服务友好后三名）

　　由金融服务友好指数得分前十名国家近三年得分动态变化图可见，排名前三的国家在各个指标当中的得分随时间基本上在高位保持均衡，然而卡塔尔近年来在多项指标数据上呈现倒退趋势。可见，金融服务友好指数的六项指标是相互联动、共同作用的，各国不仅要综合全面地营造一个良好的金融市场环境，同时由于金融市场的变化日新月异，各国还要与时俱进，不断创新，避免金融市场发展水平下降。

八　国际交往友好指数[*]

（一）　指数构成及权重

在影响"一带一路"沿线国家中一国对外直接投资的主观因素中，还包括投资东道国的国际友好程度。它衡量的是一国在政治、经济等方面与其他国家交流互通的密切程度，以及在国际事务中的参与程度，对海外投资者是一项较重要的参考指标。在本章中，站在中国投资者的角度，我们选取了"重要多边组织参与数量"及"与中国达成友好协议数量"两个方面，用于总括性地描述一国在国际交往中的友好程度。因此，国际交往友好指数由参与多边组织和达成友好协议两个指标代表。同时以历史数据为基础，以因子分析方程获得各指标载荷并加以归一化，得到各指标权重。如表 8－1 所示。

---

* 本指数仅取 2017 年时点数。

表 8 - 1　　　　　　　国际交往友好指数构成

一级指标	二级指标	权重（%）
国际交往友好指数	参与多边组织	49.25
	达成友好协议	50.75

数据来源于世界贸易组织（WTO）网站，为截止到 2017 年年底的数据。

（二）沿线各国与中国国际交往友好指数得分

以上述指标为基础搜集数据，以所得权重计算各国得分，可得如表 8 - 2 所示 43 个"一带一路"沿线国家国际交往友好指数得分。

表 8 - 2　　　"一带一路"沿线各国与中国国际交往友好指数得分

43 个沿线国家		国际交往友好指数得分
阿尔巴尼亚	Albania	5.71
亚美尼亚	Armenia	6.52
阿塞拜疆	Azerbaijan	4.06
孟加拉国	Bangladesh	6.52
波黑	Bosnia and Herzegovina	3.24
保加利亚	Bulgaria	7.08
柬埔寨	Cambodia	6.52
中国	China	7.75
克罗地亚	Croatia	7.08
捷克	Czech	8.76
埃及	Egypt	7.53
爱沙尼亚	Estonia	7.75
格鲁吉亚	Georgia	7.53
匈牙利	Hungary	8.31
印度	India	5.71

续表

43 个沿线国家		国际交往友好指数得分
印度尼西亚	Indonesia	7.75
伊朗	Iran	1.87
以色列	Israel	7.75
约旦	Jordan	5.71
哈萨克斯坦	Kazakhstan	5.71
吉尔吉斯斯坦	Kyrgyzstan	5.71
拉脱维亚	Latvia	7.75
立陶宛	Lithuania	6.52
马来西亚	Malaysia	7.75
摩尔多瓦	Moldova	4.34
蒙古国	Mongolia	6.52
黑山	Montenegro	5.71
巴基斯坦	Pakistan	7.08
菲律宾	Philippines	7.75
波兰	Poland	8.31
罗马尼亚	Romania	5.71
俄罗斯	Russia	7.75
沙特阿拉伯	Saudi Arabia	6.52
塞尔维亚	Serbia	4.61
新加坡	Singapore	8.31
斯洛伐克	Slovakia	7.75
斯洛文尼亚	Slovenia	7.75
斯里兰卡	Sri Lanka	6.52
塔吉克斯坦	Tajikistan	6.52
泰国	Thailand	7.75
土耳其	Turkey	7.75
乌克兰	Ukraine	5.71
越南	Vietnam	7.75

注："一带一路"沿线国家共有 65 个，但为了下一步的分析比较，表中已去除取值为 0 或无数据的国家。

（三）主要国家得分分析

在此选出截止到 2017 年年底国际交往友好指数得

分前十名及后十名的国家进行对比分析，看这些国家
得分高低的主要成因，由此给投资人一个相对清晰的
视角，也为这些国家提供一些改善投资友好性的参考。

　　将这些国家加以排序，得分前十名的国家及其国
际交往友好指数得分、相关指标值列入表 8 - 3，得分
后十名的国家列入表 8 - 4。

表 8 - 3　　　　　　　国际交往友好指数得分前十名的国家

国家	国际交往友好指数	参与多边组织	达成友好协议
捷克	8.76	7.5	10
匈牙利	8.31	7.5	9.1
波兰	8.31	7.5	9.1
新加坡	8.31	7.5	9.1
中国	7.75	7.5	8
爱沙尼亚	7.75	7.5	8
印度尼西亚	7.75	7.5	8
以色列	7.75	7.5	8
拉脱维亚	7.75	7.5	8
马来西亚	7.75	7.5	8

表 8 - 4　　　　　　　国际交往友好指数得分后十名的国家

国家	国际交往友好指数	参与多边组织	达成友好协议
哈萨克斯坦	5.71	5	6.4
吉尔吉斯斯坦	5.71	5	6.4
黑山	5.71	5	6.4
罗马尼亚	5.71	5	6.4
乌克兰	5.71	5	6.4
塞尔维亚	4.61	0	9.1
摩尔多瓦	4.34	5	3.7
阿塞拜疆	4.06	0	8
波黑	3.24	0	6.4
伊朗	1.87	0	3.7

　　由于参与多边组织和达成友好协议在总指标构成中各占比约一半，所以两项分指标的高低均对国际交往友好性有着重要的决定性作用。得分前十名的国家无一例外都获得了最高的参与多边组织得分和靠前的达成友好协议得分。相反，在得分最低的国家中，如塞尔维亚、阿塞拜疆、波黑、伊朗这些国家，由于参与多边组织得分为零，其国际交往友好指数不得不处在靠后的位置。另外，伊朗由于战乱等历史原因，在外交和国际事务参与方面仍有很大欠缺。可见和平是发展经济的基础，也是吸引海外投资的基础。

　　综上可见，一国应注重提高多边组织参与率，这往往也提高了本国的贸易协定签订数量，这对提高自身的国际交往友好程度有很大帮助，不仅能带来直接的经济发展机会，还能多方位深入地促使本国经济开放和发展，从而赢得更多海外投资人的青睐。

附录一 区域外发达国家指数报告

如前所述,"一带一路"投资友好指数的研究目标是为响应"一带一路"倡议、为"一带一路"倡议的实施提供一个投资参考,而"一带一路"倡议早已不再为地理区域概念所约束。为给投资者全球投资提供一个可行的参考,本报告以"一带一路"投资友好指数方法论为指导,同样研究了"一带一路"区域外发达国家的投资友好性。

(一) 投资友好总指数概况

1. 指数构成及权重

为衡量区域外发达国家的投资友好性状况,我们将其分为交通、效率、法律、人才、基础设施、金融易得性与国际贸易七个方面,以历史数据为基础,以因子分析方程获得各指标载荷并加以归一化,得到"一带一路"区域外发达国家的各指标权重,如表 F1-1 所示。

表 F1 - 1 区域外发达国家投资友好指数各指标权重

一级指标	二级指标	权重（%）
投资友好指数	宏观环境友好指数	20.10
	人力资源友好指数	16.30
	基础设施友好指数	13.62
	制度环境友好指数	18.81
	金融服务友好指数	21.06
	国际交往友好指数	10.11

2. 各国投资友好指数得分

按上述指标搜集数据，以所得权重对各国得分进行计算，可得表 F1 - 2 所示区域外发达国投资友好指数得分。

表 F1 - 2 "一带一路"区域外发达国家投资友好指数三年得分（2015—2018）

区域外发达国家		投资友好指数得分			
		均分	2015—2016	2016—2017	2017—2018
瑞士	Switzerland	81	86	84	84
挪威	Norway	72	73	71	72
卢森堡	Luxembourg	72	72	70	71
英国	United Kingdom	70	72	71	71
荷兰	Netherlands	69	71	72	71
瑞典	Sweden	65	73	71	70
新西兰	New Zealand	70	69	70	70
美国	United States	66	67	74	69
德国	Germany	64	65	68	66
加拿大	Canada	68	61	68	66
日本	Japan	60	63	59	61
比利时	Belgium	58	62	61	60
爱尔兰	Ireland	61	63	56	60
澳大利亚	Australia	59	59	58	59

续表

区域外发达国家		投资友好指数得分			
		均分	2015—2016	2016—2017	2017—2018
丹麦	Denmark	56	59	59	58
奥地利	Austria	55	59	58	57
法国	France	54	57	54	55
西班牙	Spain	44	50	48	47
韩国	Korea	38	42	42	41
葡萄牙	Portugal	39	41	41	40
意大利	Italy	25	29	26	27
希腊	Greece	20	21	17	19

注：冰岛与马耳他因缺乏部分数据无法计算得分，删去。

3. 区域外发达国家得分分析

对区域外发达国家投资友好指数进行对比，分析这些国家得分高低的主要成因，由此给投资人一个相对清晰的视角，也为发展中国家提供一些改善投资友好性的参考。

将表 F1 – 2 中所有国家按投资友好指数值最近值（2018 年取值）加以排序，各国投资友好指数得分及相关指标值列入表 F1 – 3。

表 F1 –3   "一带一路"区域外发达国家投资友好指数相关指标 2018 年取值

——按投资友好指数得分值由高到低排序

国家	投资友好指数	宏观环境友好指数	人力资源友好指数	基础设施友好指数	制度环境友好指数	金融服务友好指数	国际交往友好指数
瑞士	84	61	95	80	88	88	100
美国	74	81	87	68	81	92	0
荷兰	72	69	80	91	81	71	26
挪威	71	65	78	60	87	85	26

续表

国家	投资友好指数	宏观环境友好指数	人力资源友好指数	基础设施友好指数	制度环境友好指数	金融服务友好指数	国际交往友好指数
瑞典	71	80	74	64	77	82	26
英国	71	81	81	60	79	77	26
卢森堡	70	75	74	61	80	82	26
新西兰	70	58	78	52	93	87	26
德国	68	67	76	62	75	81	26
加拿大	68	69	80	62	76	78	21
比利时	61	77	62	60	54	73	21
丹麦	59	58	72	70	67	62	0
日本	59	56	49	73	72	78	0
奥地利	58	65	59	58	57	67	26
澳大利亚	58	60	69	36	65	73	26
爱尔兰	56	76	71	43	63	44	21
法国	54	60	47	68	51	63	26
西班牙	48	45	32	62	30	47	100
韩国	42	45	47	66	25	44	26
葡萄牙	41	59	39	53	27	37	26
意大利	26	22	11	31	4	24	100
希腊	17	10	12	20	7	0	90
冰岛	—	29	70	—	68	54	26
马耳他	—	68	44	—	47	65	26

由表 F1-3 数据可见，与人们通常的感觉稍有差异，投资友好指数排名较高的国家并不一定是基础设施友好指数得分较高的国家，但它们在人力资源友好指数、金融服务友好指数与制度环境友好指数方面得分普遍较高，而投资友好指数得分较低的发达国家在这三个方面往往得分较低。可见，发达国家的投资友好性竞争，已经上升至软环境，特别是对人才的态度与金融发展水平。

（二）宏观环境友好指数

1. 指数构成及权重

"一带一路"沿线国家国情复杂，与其他区域有显著不同。以"一带一路"国家历史数据为依据做出的权重，不能反映其他区域国家的特征。而"一带一路"区域外发达国家与发展中国家经济发展阶段社会状况均有显著差异。因此从本章开始，每一个分指数的指标权重，均由同类国家历史数据加以计算。

"一带一路"区域外发达国家的宏观环境友好指数构成指标及对应的权重，由"一带一路"区域外发达国家历史数据计算得到，如表 F1-4 所示。

表 F1-4 "一带一路"区域外发达国家宏观环境友好指数指标及权重构成

一级指标	二级指标	权重（%）
宏观环境友好指数	国内市场规模（以 GDP 表示）	9.01
	通货膨胀率	20.33
	外商直接投资（FDI）与技术转移	34.90
	规则对 FDI 的影响	35.76

2. 各国宏观环境友好指数得分

按照表 F1-4 得出的权重，对"一带一路"区域外发达国家相关数据进行计算处理，得到这些国家连续三年的宏观环境友好指数得分。对这些得分的动态

分析过程与方法与上文"一带一路"沿线国家的分析
过程与方法一致，本章不再展开细说，仅对这些国家
的得分进行简单排序，如表 F1 – 5 所示。

表 F1 – 5　　"一带一路"区域外发达国家宏观环境友好指数

三年得分（2015—2018）

区域外发达国家		宏观环境友好指数得分		
		2015—2016	2016—2017	2017—2018
英国	United Kingdom	75	77	81
美国	United States	60	62	81
瑞典	Sweden	52	71	80
比利时	Belgium	57	69	77
爱尔兰	Ireland	89	93	76
卢森堡	Luxembourg	71	76	75
荷兰	Netherlands	63	70	69
加拿大	Canada	57	40	69
马耳他	Malta	59	61	68
德国	Germany	60	60	67
挪威	Norway	59	65	65
奥地利	Austria	57	57	65
瑞士	Switzerland	58	69	61
法国	France	52	57	60
澳大利亚	Australia	57	54	60
葡萄牙	Portugal	54	65	59
丹麦	Denmark	57	61	58
新西兰	New Zealand	56	54	58
日本	Japan	58	61	56
西班牙	Spain	45	56	45
韩国	Korea	46	44	45
冰岛	Iceland	25	25	29
意大利	Italy	23	36	22
希腊	Greece	10	24	10

同时，仅以 2018 年为例，将宏观环境友好指数相

关指标的取值，按宏观环境友好指数得分高低于表 F1-6展示，供研究参考。

表 F1-6　　　"一带一路"区域外发达国家宏观环境友好
指数相关指标 2018 年分值

国家	宏观环境友好指数	国内市场规模	通货膨胀率	FDI与技术转移	规则对FDI的影响
英国	81	75	71	75	95
美国	81	100	100	79	67
瑞典	80	50	100	67	90
比利时	77	48	100	63	86
爱尔兰	76	44	14	100	95
卢森堡	75	15	36	88	100
荷兰	69	56	36	75	86
加拿大	69	67	100	63	57
马耳他	68	2	93	63	76
德国	67	77	57	71	67
挪威	65	44	100	58	57
奥地利	65	46	100	42	71
瑞士	61	48	0	71	90
法国	60	73	50	54	67
澳大利亚	60	63	100	54	43
葡萄牙	59	42	71	67	48
丹麦	58	40	50	50	76
新西兰	58	35	71	63	52
日本	56	83	21	58	67
西班牙	45	67	14	50	52
韩国	45	69	100	33	19
冰岛	29	0	100	25	0
意大利	22	71	21	13	19
希腊	10	42	29	0	0

（三）人力资源友好指数

1. 指数构成及权重

"一带一路"区域外发达国家民众受教育程度较区域内国家平均水准高，宗教信仰等也有很大不同，由此在人力资源方面的差异可能较前文宏观经济环境的差异还要大。因此这里也特别以"一带一路"区域外发达国家的人力资源相关指标的历史数据为基础，计算得到人力资源友好指数各构成指标的对应权重，如表F1-7所示。

表F1-7　　　　"一带一路"区域外发达国家人力资源
友好指数指标及权重构成

一级指标	二级指标	权重（%）
人力资源友好指数	专业性管理可靠度	22.16
	国家留住人才的能力	20.89
	国家吸引人才的能力	20.93
	女性劳动力参与率	16.37
	工资和生产效率	19.65

2. 各国人力资源友好指数得分

以前文计算所得"一带一路"区域外发达国家人力资源相关指标对应权重为基础，基于这些国家的历史数据即可计算得到区域外发达国家人力资源友好指数，如表F1-8所示。

表 F1 – 8 　　"一带一路"区域外发达国家人力资源友好

指数三年得分（2015—2018）

区域外发达国家		人力资源友好指数得分		
		2015—2016	2016—2017	2017—2018
瑞士	Switzerland	93	95	95
美国	United States	87	84	87
英国	United Kingdom	81	82	81
荷兰	Netherlands	75	76	80
加拿大	Canada	79	75	80
挪威	Norway	81	82	78
新西兰	New Zealand	72	75	78
德国	Germany	72	71	76
卢森堡	Luxembourg	72	73	74
瑞典	Sweden	70	75	74
丹麦	Denmark	67	72	72
爱尔兰	Ireland	75	77	71
冰岛	Iceland	64	69	70
澳大利亚	Australia	64	68	69
比利时	Belgium	64	67	62
奥地利	Austria	58	62	59
日本	Japan	54	52	49
法国	France	47	49	47
韩国	Korea	49	47	47
马耳他	Malta	36	39	44
葡萄牙	Portugal	36	36	39
西班牙	Spain	29	33	32
希腊	Greece	14	13	12
意大利	Italy	7	10	11

同样，在此将"一带一路"区域外发达国家以2018 年人力资源友好指数得分进行排序，并将 2018 年人力资源友好指数相关指标值列在表 F1 – 9 中。对该数据的分析思路及方法与区域内国家相同，不再赘述。

表 F1 - 9   "一带一路"区域外发达国家人力资源友好
指数相关指标 2018 年取值

国家	人力资源友好指数	专业性管理可靠度	国家留住人才能力	国家吸引人才能力	女性劳动力参与率	工资和生产效率
瑞士	95	92	100	100	81	100
美国	87	84	91	91	71	96
英国	81	88	80	95	74	67
荷兰	80	100	80	74	77	67
加拿大	80	88	71	77	87	79
挪威	78	88	86	63	100	58
新西兰	78	96	60	77	81	75
德国	76	72	74	72	81	83
卢森堡	74	76	77	86	65	63
瑞典	74	92	69	56	100	54
丹麦	72	88	63	49	94	71
爱尔兰	71	88	63	72	55	71
冰岛	70	68	71	49	100	71
澳大利亚	69	92	60	65	71	54
比利时	62	80	51	53	74	54
奥地利	59	64	51	47	81	54
日本	49	76	40	33	45	50
法国	47	64	23	35	84	33
韩国	47	32	57	47	29	67
马耳他	44	40	57	63	0	50
葡萄牙	39	20	29	35	87	33
西班牙	32	32	23	30	71	13
希腊	12	8	0	0	45	13
意大利	11	0	11	16	32	0

（四）基础设施友好指数

1. 指数构成及权重

发达国家基础设施普遍较发展中国家更为完备，投资者对发达国家基础设施的主观需求也有所不同，从而在对基础设施使用中的友好性要求也不一样。因此"一带一路"区域外发达国家基础设施友好指数各指标的权重,应该与"一带一路"区域内国家有所区别。本章根据"一带一路"区域外发达国家的历史数据,计算得到基础设施友好指数各指标对应的权重,如表 F1 - 10 所示。

表 F1 - 10　　"一带一路"区域外发达国家基础设施友好指数
构成指标及对应权重

一级指标	二级指标	权重（%）	三级指标	权重（%）
基础设施友好指数	电力供应质量	22.33		
	移动电话服务	7.93		
	交通运输指数	69.74	铁路	24.52
			航空	33.16
			公路	19.49
			港口	22.83

从指标权重看,交通运输方面,投资者对区域外发达国家最为看重的还是航空运输,铁路与港口的重要程度类似,公路运输相对较弱。而在整个基础设施层面,还是交通运输的影响力最大,远超电力供应质量与移动电话服务。这可能表明,对于区域外发达国家而言,电力供应质量与移动电话服务已经相对完善,对于 FDI 母国投资者而言,运输的方便快捷就更为重要了。

2. 各国基础设施友好指数得分

据上文所得区域外发达国家基础设施友好指数构成指标及对应权重，以区域外发达国家现有数据，计算得到近三年这些国家的基础设施友好指数，如表 F1 - 11 所示。

表 F1 - 11　　　"一带一路"区域外发达国家基础设施

友好指数三年得分（2015—2018）

区域外发达国家		基础设施友好指数得分		
		2015—2016	2016—2017	2017—2018
荷兰	Netherlands	90	90	91
瑞士	Switzerland	80	80	80
日本	Japan	74	74	73
丹麦	Denmark	69	71	70
法国	France	71	72	68
美国	United States	71	71	68
韩国	Korea	57	63	66
瑞典	Sweden	63	65	64
德国	Germany	74	69	62
西班牙	Spain	72	64	62
加拿大	Canada	61	59	62
卢森堡	Luxembourg	63	61	61
挪威	Norway	59	54	60
英国	United Kingdom	67	67	60
比利时	Belgium	66	62	60
奥地利	Austria	63	60	58
葡萄牙	Portugal	60	52	53
新西兰	New Zealand	52	50	52
爱尔兰	Ireland	59	54	43
澳大利亚	Australia	52	49	36
意大利	Italy	33	34	31
希腊	Greece	26	21	20

根据 2018 年基础设施友好指数值，将区域外发达

国家得分由高到低进行排序，并将基础设施友好指数相关的指标及次级指数值一起列到表F1-12中供参考。

表F1-12　"一带一路"区域外发达国家基础设施友好指数相关数据

国家	基础设施友好指数	交通运输指数	电力供应质量	移动电话服务
荷兰	91	94	95	56
瑞士	80	75	100	63
日本	73	70	90	56
丹麦	70	65	95	47
法国	68	65	95	24
美国	68	71	65	53
韩国	66	65	75	47
瑞典	64	58	85	52
德国	62	64	65	37
西班牙	62	64	65	31
加拿大	62	61	85	0
卢森堡	61	50	90	78
挪威	60	50	100	32
英国	60	52	90	47
比利时	60	57	80	33
奥地利	58	44	85	100
葡萄牙	53	52	65	30
新西兰	52	43	80	50
爱尔兰	43	37	70	24
澳大利亚	36	36	40	31
意大利	31	20	50	69
希腊	20	16	25	35

（五）制度环境友好指数

1. 指数构成及权重

理论上讲，制度环境可能是"一带一路"区域外发达国家与区域内国家及区域外发展中国家的最大差异之处，因此 FDI 投资者关注的重点可能会有所不同。因此以"一带一路"区域外发达国家数据为基础，计算得到发达国家制度环境友好指数的分指数及各指标的对应权重，结果如表 F1 – 13 所示。由表 F1 – 13 权重与表 6 – 1 对比发现，这两类国家权重差别不大，但是与下文表 F2 – 13 相比，差异相当大。

表 F1 – 13　"一带一路"区域外发达国家制度环境友好指数构成指标及相应权重

一级指标	二级指标	权重（%）	三级指标	权重（%）
制度环境友好指数	政府决策透明度	19.41		
	政府效率	37.78		
	司法独立性	18.95		
	法律权利指数	23.86	中小股东保护	80.57
			投资者保护	19.43

2. 各国制度环境友好指数得分

由上述计算所得权重，以"一带一路"区域外发达国家数据为基础，可计算出区域外发达国家三年的制度环境友好指数得分，结果如表 F1 – 14 所示。

表 F1 – 14　　"一带一路"区域外发达国家制度环境友好
指数三年得分（2015—2018）

区域外发达国家		制度环境友好指数得分		
		2015—2016	2016—2017	2017—2018
新西兰	New Zealand	99	97	93
瑞士	Switzerland	83	86	88
挪威	Norway	92	93	87

续表

区域外发达国家		制度环境友好指数得分		
		2015—2016	2016—2017	2017—2018
荷兰	Netherlands	80	82	81
美国	United States	61	63	81
卢森堡	Luxembourg	83	81	80
英国	United Kingdom	81	81	79
瑞典	Sweden	81	90	77
加拿大	Canada	79	76	76
德国	Germany	69	68	75
日本	Japan	79	77	72
冰岛	Iceland	66	69	68
丹麦	Denmark	70	69	67
澳大利亚	Australia	67	65	65
爱尔兰	Ireland	72	71	63
奥地利	Austria	61	63	57
比利时	Belgium	58	57	54
法国	France	50	54	51
马耳他	Malta	50	48	47
西班牙	Spain	21	26	30
葡萄牙	Portugal	30	23	27
韩国	Korea	26	26	25
希腊	Greece	16	10	7
意大利	Italy	3	2	4

将各国以 2018 年制度环境友好指数得分从高到低排序，并将 2018 年制度环境相应的分指数及指标值一并列入表 F1 - 15 中，供参考。

表 F1 - 15　　"一带一路"区域外发达国家制度环境友好指数

及对应指标 2018 年分值

国家	制度环境友好指数	政府决策透明度	政府效率	司法独立性	法律权利指数
卢森堡	80	83	64	91	83
挪威	87	79	96	84	97
瑞士	88	93	67	97	93
爱尔兰	63	49	56	75	86
丹麦	67	67	65	59	79
冰岛	68	72	61	69	69
瑞典	77	74	81	75	79
英国	79	76	81	75	86
奥地利	57	46	65	66	62
荷兰	81	83	67	88	90
比利时	54	46	61	53	62
法国	51	52	59	38	52
德国	75	86	69	75	59
意大利	4	2	9	0	7
西班牙	30	35	30	34	14
希腊	7	2	25	3	0
葡萄牙	27	25	22	25	38
美国	81	96	78	78	59
加拿大	76	64	84	81	83
日本	72	69	69	78	76
澳大利亚	65	56	61	66	86
新西兰	93	89	87	100	100
韩国	25	43	24	16	0
马耳他	47	48	59	56	21

（六）金融服务友好指数

1. 指数构成及权重

一般而言，发达国家的金融易得性要强于发展中国家。以"一带一路"区域外发达国家数据计算出区域外发达国家金融服务友好指数相关指标的权重，如表 F1 - 16 所示。表中可得，FDI 投资人对于区域外发达国家的多种金融服务的关注程度相差无几。

表 F1 - 16   "一带一路"区域外发达国家金融服务友好指数指标权重

一级指标	二级指标	权重（%）
金融服务友好指数	风险资本可用性	16.51
	金融服务可用性	17.31
	证券市场融资难易度	16.94
	获得贷款的难易度	16.58
	银行稳健性	15.62
	金融服务可购性	17.03

2. 各国金融服务友好指数得分

以上述计算所得权重，基于区域外发达国家数据，可计算出各国金融服务友好指数。表 F1 - 17 为区域外发达国家金融服务友好指数的三年指数值。

表 F1 - 17   "一带一路"区域外发达国家金融服务友好
指数三年得分（2015—2018）

区域外发达国家		金融服务友好指数得分		
		2015—2016	2016—2017	2017—2018
美国	United States	88	89	92
瑞士	Switzerland	85	90	88
新西兰	New Zealand	86	87	87
挪威	Norway	91	88	85
卢森堡	Luxembourg	92	86	82
瑞典	Sweden	78	86	82
德国	Germany	68	76	81
加拿大	Canada	85	75	78
日本	Japan	70	82	78

续表

区域外发达国家		金融服务友好指数得分		
		2015—2016	2016—2017	2017—2018
英国	United Kingdom	72	78	77
比利时	Belgium	66	77	73
澳大利亚	Australia	70	73	73
荷兰	Netherlands	67	68	71
奥地利	Austria	54	70	67
马耳他	Malta	63	64	65
法国	France	66	69	63
丹麦	Denmark	52	59	62
冰岛	Iceland	37	55	54
西班牙	Spain	29	45	47
爱尔兰	Ireland	36	41	44
韩国	Korea	24	44	44
葡萄牙	Portugal	30	38	37
意大利	Italy	19	26	24
希腊	Greece	1	0	0

将区域外发达国家以 2018 年金融服务友好指数得分由高到低排序，并将金融服务友好指数相关指标 2018 年分值列出如表 F1 - 18 所示，供研究参考。

表 F1 - 18　"一带一路"区域外发达国家金融服务友好指数相关指标分值

国家	金融服务友好指数	风险资本可用性	金融服务可用性	证券市场融资难易度	获得贷款的难易度	银行稳健性	金融服务可购性
美国	92	100	97	100	95	78	82
瑞士	88	71	100	94	79	85	100
新西兰	87	68	83	89	100	98	85
挪威	85	68	90	91	85	93	82
卢森堡	82	71	90	74	82	88	88
瑞典	82	79	83	91	85	80	76
德国	81	82	77	91	87	68	82
加拿大	78	56	73	86	79	100	73

续表

国家	金融服务友好指数	风险资本可用性	金融服务可用性	证券市场融资难易度	获得贷款的难易度	银行稳健性	金融服务可购性
日本	78	53	73	83	87	80	91
英国	77	74	77	100	67	65	79
比利时	73	62	77	80	74	68	79
澳大利亚	73	47	70	86	82	98	55
荷兰	71	62	70	86	64	70	73
奥地利	67	41	73	69	74	65	82
马耳他	65	41	63	69	67	83	67
法国	63	47	57	77	59	75	64
丹麦	62	41	67	57	64	80	64
冰岛	54	50	53	63	72	58	30
西班牙	47	47	40	43	49	50	52
爱尔兰	44	38	43	49	64	35	33
韩国	44	32	33	57	44	43	52
葡萄牙	37	38	50	26	49	13	45
意大利	24	6	20	31	31	28	27
希腊	0	0	0	0	0	0	0

（七）国际交往友好指数

1. 指数构成及权重

与区域内国家不同，区域外发达国家与区域外发展中国家的国际交往友好指数，我们重点关注其对亚投行以及"一带一路"国际合作高峰论坛的参与度。其重要性如表 F1 - 19 所示。

表 F1 - 19　区域外发达国家对"一带一路"的认可度指标权重

一级指标	二级指标	权重（%）
国际交往友好指数	亚投行参与度	25.93
	"一带一路"国际合作高峰论坛参与度	74.07

2. 各国国际交往友好指数得分

按上述权重及各国对亚投行和"一带一路"国际合作高峰论坛的参与度，计算得到区域外发达国家的国际交往友好指数。如表 F1 - 20 所示。

表 F1 - 20　区域外发达国家对"一带一路"的认可度（国际交往友好指数）

区域外发达国家		国际交往友好指数
瑞士	Switzerland	100
意大利	Italy	100
西班牙	Spain	100
希腊	Greece	90
卢森堡	Luxembourg	26
挪威	Norway	26
冰岛	Iceland	26
瑞典	Sweden	26
英国	United Kingdom	26
奥地利	Austria	26
荷兰	Netherlands	26
法国	France	26
德国	Germany	26
葡萄牙	Portugal	26
澳大利亚	Australia	26
新西兰	New Zealand	26
韩国	Korea	26
马耳他	Malta	26
爱尔兰	Ireland	21
比利时	Belgium	21
加拿大	Canada	21
丹麦	Denmark	0
美国	United States	0
日本	Japan	0

附录二 区域外发展中国家指数报告

（一）投资友好总指数概况

1. 指数构成及权重

与区域外发达国家类似，本附录同样研究了"一带一路"区域外发展中国家的投资友好性。为衡量这些国家的投资友好性状况，同样将其分为交通、效率、法律、人才、基础设施、金融易得性与国际贸易七个方面，以"一带一路"区域外发展中国家历史数据为基础，以因子分析方程获得各指标载荷并加以归一化，得到了"一带一路"区域外发展中国家的各指标权重，如表 F2-1 所示。

表 F2-1 "一带一路"区域外发展中国家投资友好指数相关指标权重

一级指标	二级指标	权重（%）
投资友好指数	宏观环境友好指数	21.03
	人力资源友好指数	12.49

续表

一级指标	二级指标	权重（%）
投资友好指数	基础设施友好指数	18.82
	制度环境友好指数	17.58
	金融服务友好指数	19.05
	国际交往友好指数	11.03

2. 各国投资友好指数得分

按上述指标搜集数据，以所得权重对各国得分进行计算，可得表 F2 - 2 所示区域外发展中国家投资友好指数得分。

表 F2 - 2　"一带一路"区域外发展中国家投资友好指数相关指标三年取值

——按投资友好指数得分值由高到低排序

区域外发展中国家		投资友好指数			
		均分	2015—2016	2016—2017	2017—2018
智利	Chile	70	73	78	74
南非	South Africa	66	70	62	66
巴拿马	Panama	63	66	66	65
肯尼亚	Kenya	55	56	60	57
秘鲁	Peru	51	54	54	53
纳米比亚	Namibia	48	54	56	53
摩洛哥	Morocco	50	51	55	52
埃塞俄比亚	Ethiopia	54	51	50	52
墨西哥	Mexico	48	52	53	51
乌拉圭	Uruguay	47	52	52	50
巴西	Brazil	48	47	50	48
哥伦比亚	Colombia	45	47	48	47
加纳	Ghana	43	45	49	46
塞内加尔	Senegal	42	42	45	43
赞比亚	Zambia	45	42	41	43

续表

区域外发展中国家		投资友好指数			
		均分	2015—2016	2016—2017	2017—2018
乌干达	Uganda	41	41	42	41
突尼斯	Tunisia	38	40	44	41
坦桑尼亚	Tanzania	37	41	43	40
尼日利亚	Nigeria	40	40	41	40
喀麦隆	Cameroon	36	34	36	35
马里	Mali	35	34	36	35
莫桑比克	Mozambique	35	34	33	34
阿尔及利亚	Algeria	31	32	36	33
马达加斯加	Madagascar	32	32	33	32
贝宁	Benin	31	32	32	32
马拉维	Malawi	32	31	32	32
津巴布韦	Zimbabwe	25	27	29	27
委内瑞拉	Venezuela	19	22	23	21
毛里塔尼亚	Mauritania	18	16	16	17
博茨瓦纳	Botswana	—	49	51	—
斯威士兰	Swaziland	38	—	44	—

3. 区域外发展中国家得分分析

对区域外发展中国家投资友好指数进行对比，分析这些国家得分高低的主要成因，一方面给投资人一个相对清晰的视角，为投资考察提供相对全面的资料；另一方面也为相关发展中国家提供一些改善投资友好性的参考。

将表 F2 - 2 中所有国家按投资友好指数最近值（2018 年取值）加以排序，各国投资友好指数得分及相关指标值列出，如表 F2 - 3 所示。

表 F2 - 3　　"一带一路"区域外发展中国家投资友好指数相关指标

2018 年取值——按投资友好指数得分值由高到低排序

国家	投资友好指数	宏观环境友好指数	人力资源友好指数	基础设施友好指数	制度环境友好指数	金融服务友好指数	国际交往友好指数
智利	78	88	80	61	67	87	84
巴拿马	66	86	70	74	48	84	0
南非	62	73	54	58	65	67	40
肯尼亚	60	72	69	49	58	56	60
纳米比亚	56	62	62	61	69	60	0
摩洛哥	55	78	47	62	57	56	0
秘鲁	54	77	59	41	44	62	32
墨西哥	53	87	52	49	44	57	0
乌拉圭	52	77	47	53	54	55	0
博茨瓦纳	51	60	61	44	63	57	0
巴西	50	75	56	36	44	46	40
埃塞俄比亚	50	55	52	30	43	47	92
加纳	49	67	70	38	57	44	0
哥伦比亚	48	71	51	39	46	55	0
塞内加尔	45	64	48	41	53	44	0
斯威士兰	44	55	56	45	39	50	0
突尼斯	44	67	33	44	51	42	0
坦桑尼亚	43	61	51	32	52	43	0
乌干达	42	69	49	24	47	43	0
尼日利亚	41	76	58	15	46	34	0
赞比亚	41	64	53	25	52	38	0
阿尔及利亚	36	55	24	42	40	36	0
喀麦隆	36	58	35	20	45	42	0
马里	36	53	43	29	40	36	0
马达加斯加	33	56	42	18	27	34	16
莫桑比克	33	56	40	27	31	27	0
贝宁	32	52	29	24	40	30	0
马拉维	32	51	50	12	43	26	0
津巴布韦	29	33	40	28	39	26	0
委内瑞拉	23	19	18	18	10	42	32
毛里塔尼亚	16	32	14	16	21	7	0

由表 F2 - 3 数据可见，与发达国家相似的是，投

资友好指数排名较高的国家，在人力资源友好指数、金融服务友好指数与制度环境友好指数方面得分普遍较高，而投资友好指数得分较低的发达国家在这三个方面往往得分较低。与发达国家不同的是，投资友好指数得分高低，与基础设施友好指数得分高低也直接相关。可见，前述发达国家投资友好性与基础设施几乎无关，并非基础设施不重要，而是因为发达国家的基础设施已基本完善，发达国家没有必要在基础设施环节上进行竞争。而发展中国家与它们不同，发展中国家要提高自身投资友好性，除软件环境上应加大对人才的吸引力、加强制度环境与金融环境的建设以外，在一般基础设施方面，尚大有作为，各国应加强包括铁路、公路、港口、通信等基础设施方面的投资与建设。

（二）宏观环境友好指数

1. 指数构成及权重

同上文，区域外发展中国家的宏观环境与发达国家及"一带一路"沿线国家也有不同，因此本节以"一带一路"区域外发展中国家的历史数据计算得到该类国家宏观环境友好指数各构成指标的对应权重，如表 F2 - 4 所示。

表F2-4 "一带一路"区域外发展中国家宏观环境友好指数指标及权重构成

一级指标	二级指标	权重（%）
宏观环境友好指数	国内市场规模（以GDP表示）	19.65
	通货膨胀率	18.52
	外商直接投资（FDI）与技术转移	33.26
	规则对FDI的影响	28.58

2. 各国宏观环境友好指数得分

按上文计算所得各指标对应权重，利用三年数据，可计算得到"一带一路"区域外发展中国家三年相应的宏观环境友好指数得分，如表F2-5所示。

表F2-5 "一带一路"区域外发展中国家宏观环境友好指数三年得分（2015—2018）

区域外发展中国家和地区		宏观环境友好指数得分		
		2015—2016	2016—2017	2017—2018
阿尔及利亚	Algeria	55	51	55
玻利维亚	Bolivia	47	47	—
布隆迪	Burundi	38	37	—
科特迪瓦	Côte d'Ivoire	61	68	—
加蓬	Gabon	55	55	—
智利	Chile	83	83	88
墨西哥	Mexico	84	86	87
巴拿马	Panama	85	84	86
哥斯达黎加	Costa Rica	77	76	79
摩洛哥	Morocco	75	73	78
中国台湾地区	Taiwan, China	78	—	78
秘鲁	Peru	77	77	77
乌拉圭	Uruguay	76	77	77

续表

区域外发展中国家和地区		宏观环境友好指数得分		
		2015—2016	2016—2017	2017—2018
尼日利亚	Nigeria	73	74	76
巴西	Brazil	72	73	75
多米尼加	Dominican	70	73	74
危地马拉	Guatemala	71	74	74
牙买加	Jamaica	64	67	73
卢旺达	Rwanda	75	73	73
南非	South Africa	68	75	73
肯尼亚	Kenya	67	67	72
哥伦比亚	Colombia	73	71	71
尼加拉瓜	Nicaragua	59	61	70
毛里求斯	Mauritius	66	67	69
乌干达	Uganda	68	68	69
洪都拉斯	Honduras	66	67	68
特立尼达和多巴哥	Trinidad and Tobago	63	62	68
塞浦路斯	Cyprus	61	59	67
加纳	Ghana	57	62	67
突尼斯	Tunisia	62	63	67
巴拉圭	Paraguay	62	64	66
冈比亚	Gambia	56	53	64
塞内加尔	Senegal	56	55	64
赞比亚	Zambia	71	66	64
几内亚	Guinea	44	—	63
纳米比亚	Namibia	62	62	62
坦桑尼亚	Tanzania	58	60	61
博茨瓦纳	Botswana	58	59	60
佛得角	Cape Verde	57	56	60
喀麦隆	Cameroon	58	55	58
塞舌尔	Seychelles	50	—	58
马达加斯加	Madagascar	50	52	56
莫桑比克	Mozambique	61	57	56
萨尔瓦多	El Salvador	56	54	55
埃塞俄比亚	Ethiopia	74	55	55
斯威士兰	Swaziland	47	—	55

续表

区域外发展中国家和地区		宏观环境友好指数得分		
		2015—2016	2016—2017	2017—2018
马里	Mali	51	49	53
贝宁	Benin	46	47	52
马拉维	Malawi	45	48	51
厄瓜多尔	Ecuador	50	49	48
塞拉利昂	Sierra Leone	48	48	48
利比里亚	Liberia	41	42	46
海地	Haiti	44	—	45
乍得	Chad	38	36	39
莱索托	Lesotho	45	42	38
津巴布韦	Zimbabwe	26	28	33
毛里塔尼亚	Mauritania	36	27	32
委内瑞拉	Venezuela	15	19	19

区域外发展中国家宏观环境友好指数相关的指标值，按2018年宏观环境友好指数得分从高到低排序，如表F2-6所示。对这些数据的分析方法与区域内国家得分分析相较，不再赘述。

表 F2-6　　"一带一路"区域外发展中国家宏观环境友好

指数相关指标 2018 年取值

国家和地区	宏观环境友好指数	国内市场规模	通货膨胀率	FDI与技术转移	规则对FDI的影响
阿尔及利亚	55	79	99	47	21
智利	88	72	100	91	87
墨西哥	87	96	100	85	74
巴拿马	86	49	100	100	87
哥斯达黎加	79	47	100	91	74
摩洛哥	78	68	100	74	74
中国台湾地区	78	85	100	82	55
秘鲁	77	70	100	71	74
乌拉圭	77	47	98	79	82
尼日利亚	76	85	95	62	74

续表

国家和地区	宏观环境友好指数	国内市场规模	通货膨胀率	FDI与技术转移	规则对FDI的影响
巴西	75	100	98	74	45
多米尼加	74	57	100	76	68
危地马拉	74	55	100	68	76
牙买加	73	34	100	74	82
卢旺达	73	32	99	76	82
南非	73	81	99	71	53
肯尼亚	72	57	99	79	58
哥伦比亚	71	79	99	65	53
尼加拉瓜	70	36	100	68	76
毛里求斯	69	32	100	68	74
乌干达	69	51	99	62	71
洪都拉斯	68	40	100	68	66
特立尼达和多巴哥	68	40	100	68	66
塞浦路斯	67	34	99	65	71
加纳	67	53	95	65	61
突尼斯	67	55	100	62	58
巴拉圭	66	45	100	53	74
冈比亚	64	6	99	71	74
塞内加尔	64	40	100	62	58
赞比亚	64	45	94	56	68
几内亚	63	26	98	71	58
纳米比亚	62	34	99	65	53
坦桑尼亚	61	57	100	56	45
博茨瓦纳	60	34	100	56	58
佛得角	60	6	99	68	63
喀麦隆	58	49	100	44	53
塞舌尔	58	0	99	68	58
马达加斯加	56	38	99	53	45
莫桑比克	56	40	94	50	50
萨尔瓦多	55	45	100	44	45
埃塞俄比亚	55	62	99	44	34
斯威士兰	55	19	98	50	58
马里	53	38	99	47	39
贝宁	52	32	99	32	58
马拉维	51	32	93	32	58
厄瓜多尔	48	60	100	41	13
塞拉利昂	48	23	97	35	50

续表

国家和地区	宏观环境友好指数	国内市场规模	通货膨胀率	FDI与技术转移	规则对FDI的影响
利比里亚	46	11	98	38	47
海地	45	32	96	26	42
乍得	39	36	99	24	21
莱索托	38	17	99	24	29
津巴布韦	33	34	99	24	0
毛里塔尼亚	32	28	100	0	29
委内瑞拉	19	72	0	9	8

（三）人力资源友好指数

1. 指数构成及权重

同样原因，"一带一路"区域外发展中国家民众受教育程度与其他区域有较大差异，人力资源方面与其他国家也不一致。因此这里也以"一带一路"区域外发展中国家的人力资源相关指标历史数据为基础，计算得到人力资源友好指数各构成指标的对应权重，如表F2-7所示。

表F2-7 "一带一路"区域外发展中国家人力资源友好指数指标权重

一级指标	二级指标	权重（%）
人力资源友好指数	专业性管理可靠度	21.77
	国家留住人才能力	24.33
	国家吸引人才能力	23.51
	女性劳动力参与率	6.19
	工资和生产效率	24.19

即便从权重上看，与前述区域外发达国家及区域内国家相比，不同指标的重要性也有较大差异。尤其是女性劳动力参与率，其重要性较其他国家低很多，这里的原因很值得研究。

2. 各国人力资源友好指数得分

以前文计算所得"一带一路"区域外发展中国家人力资源相关指标对应权重为基础，基于这些国家的历史数据即可计算得到区域外发展中国家人力资源友好指数，如表 F2－8 所示。要注意的是，这里已经删去了数据缺失的国家，同时这里列出的国家比前文投资友好指数中所列的"一带一路"区域外发展中国家为多，因为后者计算需要的数据更多，从而有数据缺失的国家更多，因此最终列出的国家更少。

表 F2－8　　　　"一带一路"区域外发展中国家人力资源

友好指数三年得分（2015—2018）

区域外发展中国家		人力资源友好指数得分		
		2015—2016	2016—2017	2017—2018
卢旺达	Rwanda	73	82	88
智利	Chile	69	75	80
冈比亚	Gambia	62	61	75
哥斯达黎加	Costa Rica	64	70	74
加纳	Ghana	53	61	70
巴拿马	Panama	66	73	70
肯尼亚	Kenya	55	60	69
毛里求斯	Mauritius	56	64	66

续表

区域外发展中国家		人力资源友好指数得分		
		2015—2016	2016—2017	2017—2018
纳米比亚	Namibia	53	61	62
博茨瓦纳	Botswana	—	60	61
秘鲁	Peru	55	60	59
特立尼达和多巴哥	Trinidad and Tobago	52	58	59
危地马拉	Guatemala	56	59	58
尼日利亚	Nigeria	55	59	58
牙买加	Jamaica	45	51	57
巴西	Brazil	49	53	56
利比里亚	Liberia	57	59	56
斯威士兰	Swaziland	46	—	56
塞浦路斯	Cyprus	51	47	54
南非	South Africa	56	62	54
赞比亚	Zambia	57	57	53
埃塞俄比亚	Ethiopia	79	54	52
墨西哥	Mexico	49	54	52
阿根廷	Argentina	40	50	51
哥伦比亚	Colombia	48	51	51
坦桑尼亚	Tanzania	46	52	51
马拉维	Malawi	52	52	50
乌干达	Uganda	41	47	49
洪都拉斯	Honduras	53	50	48
塞内加尔	Senegal	50	51	48
摩洛哥	Morocco	45	45	47
乌拉圭	Uruguay	39	48	47
厄瓜多尔	Ecuador	51	46	45
塞拉利昂	Sierra Leone	39	43	44
佛得角	Cape Verde	44	44	43
莱索托	Lesotho	52	46	43
马里	Mali	39	43	43
巴拉圭	Paraguay	37	43	43
多米尼加	Dominican	43	44	42
马达加斯加	Madagascar	45	45	42
尼加拉瓜	Nicaragua	34	36	42
莫桑比克	Mozambique	45	45	40
津巴布韦	Zimbabwe	33	40	40
喀麦隆	Cameroon	38	35	35

续表

区域外发展中国家		人力资源友好指数得分		
		2015—2016	2016—2017	2017—2018
布隆迪	Burundi	18	25	33
突尼斯	Tunisia	31	31	33
贝宁	Benin	38	39	29
萨尔瓦多	El Salvador	36	32	29
乍得	Chad	25	26	28
几内亚	Guinea	26	—	26
阿尔及利亚	Algeria	24	26	24
委内瑞拉	Venezuela	18	22	18
毛里塔尼亚	Mauritania	12	15	14
海地	Haiti	26	—	13

下面将"一带一路"区域外发展中国家，以2018年人力资源友好指数得分进行排序，并将2018年各国人力资源友好指数相关指标值列在表F2-9中。对该数据的分析思路与方法与区域内国家相同，不再赘述。

表F2-9   "一带一路"区域外发展中国家人力资源友好
指数相关指标2018年取值

国家	人力资源友好指数	专业性管理可靠度	国家留住人才能力	国家吸引人才能力	女性劳动力参与率	工资和生产效率
卢旺达	88	91	94	95	94	72
智利	80	82	97	78	56	69
冈比亚	75	85	69	75	74	72
哥斯达黎加	74	82	86	68	47	69
加纳	70	88	66	70	85	52
巴拿马	70	70	83	90	48	45
肯尼亚	69	73	69	70	72	62
毛里求斯	66	76	60	70	47	62
纳米比亚	62	73	60	63	76	48
博茨瓦纳	61	76	60	68	80	38

续表

国家	人力资源友好指数	专业性管理可靠度	国家留住人才能力	国家吸引人才能力	女性劳动力参与率	工资和生产效率
秘鲁	59	70	60	60	66	45
特立尼达和多巴哥	59	76	54	58	58	52
危地马拉	58	67	66	48	31	59
尼日利亚	58	76	51	60	60	48
牙买加	57	82	43	53	69	48
巴西	56	76	63	40	59	45
利比里亚	56	58	51	63	79	45
斯威士兰	56	67	46	53	47	62
塞浦路斯	54	52	60	53	72	48
南非	54	76	49	53	65	38
赞比亚	53	58	49	58	73	41
埃塞俄比亚	52	45	51	58	72	48
墨西哥	52	61	54	58	41	38
阿根廷	51	73	60	43	52	31
哥伦比亚	51	58	54	50	59	41
坦桑尼亚	51	55	49	55	77	38
马拉维	50	64	46	48	90	34
乌干达	49	61	40	48	83	38
洪都拉斯	48	52	51	43	38	48
塞内加尔	48	55	46	60	48	34
摩洛哥	47	58	46	53	12	41
乌拉圭	47	70	46	38	65	31
厄瓜多尔	45	45	43	45	45	45
塞拉利昂	44	48	40	48	84	31
佛得角	43	42	49	45	49	34
莱索托	43	39	49	48	66	31
马里	43	39	43	48	44	41
巴拉圭	43	39	51	48	53	31
多米尼加	42	48	40	50	52	28
马达加斯加	42	45	34	48	83	31
尼加拉瓜	42	45	40	43	45	38
莫桑比克	40	36	43	53	100	14
津巴布韦	40	76	26	25	76	28
喀麦隆	35	39	29	33	74	31

续表

国家	人力资源友好指数	专业性管理可靠度	国家留住人才能力	国家吸引人才能力	女性劳动力参与率	工资和生产效率
布隆迪	33	42	26	28	91	21
突尼斯	33	55	31	28	14	24
贝宁	29	36	17	35	85	14
萨尔瓦多	29	39	26	25	47	21
乍得	28	9	31	45	67	14
几内亚	26	18	29	40	84	3
阿尔及利亚	24	24	26	20	0	31
委内瑞拉	18	67	0	0	51	0
毛里塔尼亚	14	0	29	23	26	0
海地	13	6	6	20	74	3

（四）基础设施友好指数

1. 指数构成及权重

据上文所得区域外发展中国家基础设施友好指数构成指标及对应权重，以区域外发展中国家数据为基础，计算得到近三年这些国家的基础设施友好指数，如表 F2 - 10 所示。要注意的是，这里已经将有缺失值无法计算指数或子指数的国家与地区删去。

表 F2 - 10　"一带一路"区域外发展中国家基础设施友好指数指标权重构成

一级指标	二级指标	权重（%）	三级指标	权重（%）
基础设施友好指数	电力供应质量	17.24		
	移动电话服务	15.60		
	交通运输指数	67.16	铁路	23.22
			航空	25.93
			公路	26.26
			港口	24.59

从上述权重看，与区域外发达国家及区域内国家明显不同的是，投资者对交通运输各项指标的重视程度无显著差异，而在基础设施层面，虽然人们更加看重交通运输，对交通运输的重视程度远超过对电力供应与移动电话服务，但是其差别程度并不如另两类国家。这表明，对于"一带一路"区域外发展中国家而言，各种基础设施还远远不够，在影响基础设施友好性方面各类基础设施的影响力都差不多，这些国家在任何基建领域的改善都有可能改善整个基础设施友好程度，从而吸引更多 FDI。

2. 各国基础设施友好指数得分

以上述权重为基础，搜集基础设施相关数据齐全的国家，计算这些国家的基础设施友好指数值，近三年的数值如表 F2 - 11 所示。其中巴巴多斯、玻利维亚、布隆迪、佛得角、乍得、中国台湾地区、刚果民主共和国、哥斯达黎加、科特迪瓦、塞浦路斯、多米尼加、厄瓜多尔、萨尔瓦多、加蓬、冈比亚、危地马拉、几内亚、圭亚那、海地、洪都拉斯、牙买加、莱索托、利比里亚、毛里求斯、尼加拉瓜、巴拉圭、卢旺达、塞舌尔、塞拉利昂、特立尼达和多巴哥这些国家及地区因数据不全而未加展示。

表 F2 - 11　"一带一路"区域外发展中国家基础设施友好指数三年分值

区域外发展中国家		基础设施友好指数得分		
		2015—2016	2016—2017	2017—2018
巴拿马	Panama	63	75	74
摩洛哥	Morocco	49	60	62
智利	Chile	50	61	61
纳米比亚	Namibia	51	62	61
南非	South Africa	57	62	58
乌拉圭	Uruguay	36	51	53
肯尼亚	Kenya	39	46	49
墨西哥	Mexico	41	50	49
斯威士兰	Swaziland	35	—	45
博茨瓦纳	Botswana	37	45	44
突尼斯	Tunisia	36	45	44
阿尔及利亚	Algeria	27	36	42
秘鲁	Peru	31	39	41
塞内加尔	Senegal	34	41	41
哥伦比亚	Colombia	29	38	39
阿根廷	Argentina	34	36	38
加纳	Ghana	31	34	38
巴西	Brazil	27	35	36
坦桑尼亚	Tanzania	25	30	32
埃塞俄比亚	Ethiopia	29	35	30
马里	Mali	28	30	29
津巴布韦	Zimbabwe	26	28	28
莫桑比克	Mozambique	22	26	27
赞比亚	Zambia	24	25	25
贝宁	Benin	21	23	24
乌干达	Uganda	33	24	24
喀麦隆	Cameroon	25	20	20
马达加斯加	Madagascar	17	17	18
委内瑞拉	Venezuela	19	18	18
毛里塔尼亚	Mauritania	19	19	16
尼日利亚	Nigeria	20	17	15
马拉维	Malawi	15	14	12

根据 2018 年基础设施友好指数值，将计算出基础

设施友好指数值的区域外发展中国家由高到低进行排
序，并将基础设施友好指数相关的指标及次级指标一
起列到表 F2－12 中供参考。

表 F2－12　"一带一路"区域外发展中国家基础设施友好指数相关指标值

国家	基础设施友好指数	交通运输指数	电力供应质量	移动电话服务
巴拿马	74	76	70	68
摩洛哥	62	62	78	42
智利	61	58	87	45
纳米比亚	61	63	76	36
南非	58	62	46	53
乌拉圭	53	44	85	56
肯尼亚	49	55	50	21
墨西哥	49	51	65	25
斯威士兰	45	51	43	19
博茨瓦纳	44	41	43	61
突尼斯	44	38	69	44
阿尔及利亚	42	40	52	40
秘鲁	41	34	69	40
塞内加尔	41	43	41	30
哥伦比亚	39	32	63	40
阿根廷	38	36	30	57
加纳	38	37	31	51
巴西	36	30	57	41
坦桑尼亚	32	36	31	18
埃塞俄比亚	30	35	33	5
马里	29	27	28	41
津巴布韦	28	28	31	22
莫桑比克	27	29	30	13
赞比亚	25	28	20	18
贝宁	24	28	13	20
乌干达	24	24	37	8
喀麦隆	20	23	15	14
马达加斯加	18	25	9	1
委内瑞拉	18	18	13	24
毛里塔尼亚	16	15	13	24
尼日利亚	15	18	0	21
马拉维	12	16	9	0

（五）制度环境友好指数

1. 指数构成及权重

如前所述，不同地区与类型的国家，最大差异可能就是制度环境，而投资者最关注的可能就是制度环境的差异性了。所以理论上，不同区域类型的国家，在制度环境友好指数构成分指数及指标上的权重，应该有所不同。而事实也是如此。表 F2 – 13 是"一带一路"区域外发展中国家制度环境友好指数的分指数及指标对应的权重。由表 F2 – 13 可见，与区域内国家及区域外发达国家相比，FDI 投资者对区域外发展中国家关注投资者保护的重视程度，以及分指数中的"法律权利指数"的关注，远超过"一带一路"沿线国家及"一带一路"区域外发达国家，这表明 FDI 的投资者对"一带一路"区域外发展中国家保护投资者的程度及法律权利保护方面有较大疑虑。

表 F2 – 13 "一带一路"区域外发展中国家制度环境友好指数指标权重

一级指标	二级指标	权重（%）	三级指标	权重（%）
制度环境友好指数	政府决策透明度	18.61		
	政府效率	29.79		
	司法独立性	16.36		
	法律权利指数	35.25	中小股东保护	52.90
			投资者保护	47.10

2. 各国制度环境友好指数得分

由上述计算所得权重，以"一带一路"区域外发展中国家数据为基础，可计算得到区域外发展中国家三年的制度环境友好指数得分，结果如表 F2 – 14 所示。

表 F2 – 14　　"一带一路"区域外发展中国家制度环境友好

指数三年得分（2015—2018）

区域外发展中国家		制度环境友好指数得分		
		2015—2016	2016—2017	2017—2018
卢旺达	Rwanda	77	80	86
毛里求斯	Mauritius	69	66	70
纳米比亚	Namibia	62	64	69
智利	Chile	65	63	67
南非	South Africa	75	77	65
博茨瓦纳	Botswana	61	62	63
塞浦路斯	Cyprus	60	53	61
牙买加	Jamaica	50	52	59
肯尼亚	Kenya	52	49	58
加纳	Ghana	55	54	57
摩洛哥	Morocco	51	51	57
冈比亚	Gambia	54	48	55
塞舌尔	Seychelles	56	—	54
乌拉圭	Uruguay	60	55	54
哥斯达黎加	Costa Rica	47	45	53
塞内加尔	Senegal	52	47	53
坦桑尼亚	Tanzania	42	46	52
赞比亚	Zambia	59	53	52
特立尼达和多巴哥	Trinidad and Tobago	44	45	51
突尼斯	Tunisia	48	46	51
佛得角	Cape Verde	45	43	48
巴拿马	Panama	49	48	48
乌干达	Uganda	43	45	47

续表

区域外发展中国家		制度环境友好指数得分		
		2015—2016	2016—2017	2017—2018
哥伦比亚	Colombia	48	46	46
莱索托	Lesotho	47	46	46
尼日利亚	Nigeria	43	46	46
喀麦隆	Cameroon	43	40	45
巴西	Brazil	39	38	44
墨西哥	Mexico	46	42	44
秘鲁	Peru	43	42	44
阿根廷	Argentina	29	31	43
埃塞俄比亚	Ethiopia	41	41	43
马拉维	Malawi	43	39	43
塞拉利昂	Sierra Leone	39	37	42
阿尔及利亚	Algeria	39	34	40
贝宁	Benin	41	37	40
马里	Mali	43	37	40
洪都拉斯	Honduras	41	36	39
斯威士兰	Swaziland	43	—	39
津巴布韦	Zimbabwe	40	38	39
利比里亚	Liberia	43	39	38
危地马拉	Guatemala	35	32	37
多米尼加	Dominican	42	37	36
刚果	Congo	—	—	35
布隆迪	Burundi	28	25	34
莫桑比克	Mozambique	37	34	31
巴拉圭	Paraguay	29	26	31
厄瓜多尔	Ecuador	37	34	30
萨尔瓦多	El Salvador	38	30	28
尼加拉瓜	Nicaragua	28	27	28
几内亚	Guinea	23	—	27
马达加斯加	Madagascar	29	24	27
乍得	Chad	28	24	25
毛里塔尼亚	Mauritania	19	20	21
海地	Haiti	19	—	14
委内瑞拉	Venezuela	5	5	10

根据 2018 年制度环境友好指数值，将区域外发展中国家按指数值由高到低进行排序，并将制度环境友好指数相关的指标及次级指标一起列到表 F2-15 中供参考。

表 F2-15 "一带一路"区域外发展中国家制度环境友好指数相关指标值

国家	制度环境友好指数	政府决策透明度	政府效率	司法独立性	法律权利指数
卢旺达	86	94	69	100	90
毛里求斯	70	60	77	66	78
纳米比亚	69	60	69	69	84
智利	67	49	78	66	76
南非	65	52	82	46	76
博茨瓦纳	63	65	61	66	62
塞浦路斯	61	49	66	60	72
牙买加	59	42	68	57	74
肯尼亚	58	52	58	63	62
加纳	57	57	58	46	70
摩洛哥	57	51	62	60	54
冈比亚	55	66	42	63	54
塞舌尔	54	52	53	57	58
乌拉圭	54	21	55	71	90
哥斯达黎加	53	39	44	66	86
塞内加尔	53	61	48	49	52
坦桑尼亚	52	63	46	43	54
赞比亚	52	51	56	49	46
特立尼达和多巴哥	51	34	58	49	68
突尼斯	51	47	55	46	54
佛得角	48	49	36	54	64
巴拿马	48	34	65	51	34
乌干达	47	44	48	49	46
哥伦比亚	46	22	71	43	38
莱索托	46	58	41	31	54
尼日利亚	46	29	66	34	50
喀麦隆	45	45	45	51	40

国家	制度环境友好指数	政府决策透明度	政府效率	司法独立性	法律权利指数
巴西	44	22	66	23	60
墨西哥	44	25	61	49	36
秘鲁	44	22	62	51	38
阿根廷	43	32	55	37	42
埃塞俄比亚	43	52	32	43	52
马拉维	43	36	44	37	60
塞拉利昂	42	42	47	40	36
阿尔及利亚	40	48	37	26	48
贝宁	40	46	42	29	38
马里	40	42	39	37	44
洪都拉斯	39	31	49	40	32
斯威士兰	39	36	41	31	50
津巴布韦	39	29	55	26	38
利比里亚	38	46	33	31	44
危地马拉	37	24	37	49	50
多米尼加	36	22	51	43	24
刚果	35	33	41	34	26
布隆迪	34	45	38	17	24
莫桑比克	31	28	34	26	36
巴拉圭	31	22	40	40	20
厄瓜多尔	30	23	46	29	12
萨尔瓦多	28	16	32	26	42
尼加拉瓜	28	24	36	37	10
几内亚	27	25	25	31	28
马达加斯加	27	25	40	9	26
乍得	25	27	32	11	20
毛里塔尼亚	21	22	20	6	36
海地	14	19	7	11	26
委内瑞拉	10	0	27	0	0

（六）金融服务友好指数

1. 指数构成及权重

通常发展中国家的金融易得性要比发达国家弱。

以"一带一路"区域外发展中国家数据计算得到区域外发展中国家金融服务友好指数相关指标的权重，如表 F2 - 16 所示。表中可知，与发达国家类似，FDI 投资人对于区域外发达国家的多种金融服务的关注程度相差也不大，发展中国家应在各层次金融市场上下功夫，改善本国金融服务友好性。

表 F2 - 16　"一带一路"区域外发展中国家金融服务友好指数指标权重

一级指标	二级指标	权重（%）
金融服务友好指数	风险资本可用性	16.58
	金融服务可用性	17.37
	证券市场融资难易度	16.69
	获得贷款的难易度	16.53
	银行稳健性	16.36
	金融服务可购性	16.47

2. 各国金融服务友好指数得分

以上述计算所得权重，基于区域外发展中国家数据，可计算出各国金融服务友好指数。表 F2 - 17 为区域外发展中国家金融服务友好指数的三年指数值。

表 F2 - 17　　"一带一路"区域外发展中国家金融服务
友好指数三年分值（2015—2018）

区域外发展中国家		金融服务友好指数得分		
		2015—2016	2016—2017	2017—2018
智利	Chile	75	77	87
巴拿马	Panama	81	85	84
几内亚	Guinea	13	—	73
危地马拉	Guatemala	60	65	69

续表

区域外发展中国家		金融服务友好指数得分		
		2015—2016	2016—2017	2017—2018
南非	South Africa	82	86	67
毛里求斯	Mauritius	64	60	66
秘鲁	Peru	57	65	62
纳米比亚	Namibia	41	53	60
博茨瓦纳	Botswana	50	50	57
牙买加	Jamaica	46	52	57
墨西哥	Mexico	46	53	57
肯尼亚	Kenya	58	55	56
摩洛哥	Morocco	53	48	56
巴拉圭	Paraguay	48	56	56
哥伦比亚	Colombia	50	53	55
卢旺达	Rwanda	54	52	55
特立尼达和多巴哥	Trinidad and Tobago	47	47	55
乌拉圭	Uruguay	44	54	55
洪都拉斯	Honduras	54	53	54
多米尼加	Dominican	47	50	51
萨尔瓦多	El Salvador	44	49	50
斯威士兰	Swaziland	43	—	50
哥斯达黎加	Costa Rica	41	43	49
冈比亚	Gambia	38	37	48
埃塞俄比亚	Ethiopia	34	46	47
尼加拉瓜	Nicaragua	37	34	47
巴西	Brazil	57	42	46
加纳	Ghana	42	40	44
塞内加尔	Senegal	43	39	44
厄瓜多尔	Ecuador	47	39	43
坦桑尼亚	Tanzania	34	39	43
乌干达	Uganda	38	43	43
喀麦隆	Cameroon	34	39	42
突尼斯	Tunisia	33	34	42
委内瑞拉	Venezuela	29	39	42
利比里亚	Liberia	38	46	39
塞舌尔	Seychelles	41	—	38
赞比亚	Zambia	40	37	38
阿尔及利亚	Algeria	24	28	36
佛得角	Cape Verde	38	39	36

续表

区域外发展中国家		金融服务友好指数得分		
		2015—2016	2016—2017	2017—2018
塞浦路斯	Cyprus	31	24	36
马里	Mali	32	32	36
马达加斯加	Madagascar	28	31	34
尼日利亚	Nigeria	33	32	34
阿根廷	Argentina	18	27	33
塞拉利昂	Sierra Leone	21	22	31
贝宁	Benin	28	31	30
布隆迪	Burundi	6	17	28
莫桑比克	Mozambique	28	29	27
马拉维	Malawi	29	22	26
津巴布韦	Zimbabwe	15	18	26
刚果	Congo	—	23	24
乍得	Chad	12	14	15
海地	Haiti	18	—	14
毛里塔尼亚	Mauritania	12	5	7
莱索托	Lesotho	24	6	2

同样，将区域外发展中国家按 2018 年金融服务友好指数分值由高到低排序，并将金融服务友好指数相关指标的 2018 年分值共同列在表 F2 - 18 中供参考。

表 F2 - 18　"一带一路"区域外发展中国家金融服务友好性相关指标 2018 年分值

国家	金融服务友好指数	风险资本可用性	金融服务可用性	证券市场融资难易度	获得贷款的难易度	银行稳健性	金融服务可购性
智利	87	61	95	81	90	100	94
巴拿马	84	75	92	61	92	89	97
几内亚	73	50	84	69	100	77	58
危地马拉	69	50	84	25	79	91	85
南非	67	46	82	69	62	80	64
毛里求斯	66	54	68	64	69	77	67
秘鲁	62	50	66	42	69	82	61

续表

国家	金融服务友好指数	风险资本可用性	金融服务可用性	证券市场融资难易度	获得贷款的难易度	银行稳健性	金融服务可购性
纳米比亚	60	43	68	47	62	80	58
博茨瓦纳	57	46	63	50	59	66	55
牙买加	57	32	63	69	51	80	48
墨西哥	57	54	55	44	59	77	52
肯尼亚	56	50	63	64	64	52	42
摩洛哥	56	36	55	58	59	77	52
巴拉圭	56	36	61	44	69	70	58
哥伦比亚	55	43	61	36	64	82	42
卢旺达	55	57	61	42	67	57	48
特立尼达和多巴哥	55	25	58	44	62	82	58
乌拉圭	55	43	58	17	67	82	61
洪都拉斯	54	39	68	6	69	84	58
多米尼加	51	32	61	28	64	73	45
萨尔瓦多	50	25	66	31	56	68	55
斯威士兰	50	36	53	25	51	75	58
哥斯达黎加	49	32	55	17	51	84	55
冈比亚	48	29	66	11	49	68	64
埃塞俄比亚	47	57	47	36	51	36	52
尼加拉瓜	47	18	61	19	62	75	45
巴西	46	32	50	39	54	84	18
加纳	44	36	50	47	41	52	36
塞内加尔	44	36	50	36	46	57	36
厄瓜多尔	43	21	47	31	49	70	39
坦桑尼亚	43	39	50	42	46	45	36
乌干达	43	32	53	33	62	52	24
喀麦隆	42	29	55	33	44	52	36
突尼斯	42	32	47	47	49	39	39
委内瑞拉	42	29	45	11	62	50	58
利比里亚	39	36	42	25	41	43	45
塞舌尔	38	25	39	25	41	59	42
赞比亚	38	21	45	36	41	48	36
阿尔及利亚	36	43	29	17	44	39	45
佛得角	36	36	37	28	38	50	30
塞浦路斯	36	29	53	14	36	30	52
马里	36	39	39	28	49	34	27

续表

国家	金融服务友好指数	风险资本可用性	金融服务可用性	证券市场融资难易度	获得贷款的难易度	银行稳健性	金融服务可购性
马达加斯加	34	25	47	11	38	50	33
尼日利亚	34	7	47	53	28	52	18
阿根廷	33	21	29	22	41	59	27
塞拉利昂	31	29	37	22	31	36	30
贝宁	30	4	39	31	21	52	30
布隆迪	28	36	24	19	33	27	27
莫桑比克	27	21	37	11	36	36	21
马拉维	26	7	34	28	28	48	12
津巴布韦	26	7	42	28	33	32	15
刚果	24	32	29	8	33	20	21
乍得	15	14	13	8	26	18	9
海地	14	0	32	0	5	36	9
毛里塔尼亚	7	18	5	0	15	7	0
莱索托	2	0	0	11	0	0	0

（七）国际交往友好指数

1. 指数构成及权重

同样，与区域内国家不同，区域外发展中国家的国际交往友好指数，关注的重点也是其对亚投行以及"一带一路"国际合作高峰论坛的参与度。其重要性如表 F2-19 所示。

表 F2-19　区域外发展中国家对"一带一路"的认可度指标权重

一级指标	二级指标	权重（%）
国际交往友好指数	亚投行参与度	39.50
	"一带一路"国际合作高峰论坛参与度	60.50

2. 各国国际交往友好指数得分

同样按上述权重及各国对亚投行和"一带一路"国际合作高峰论坛的参与度，计算得到区域外发展中国家的国际交往友好指数。如表 F2 - 20 所示。

表 F2 - 20　　　　区域外发展中国家对"一带一路"的认可度

（国际交往友好指数）

区域外发展中国家		国际交往友好指数
阿尔巴尼亚	Albania	5.71
埃塞俄比亚	Ethiopia	92
智利	Chile	84
阿根廷	Argentina	76
肯尼亚	Kenya	60
巴西	Brazil	40
南非	South Africa	40
秘鲁	Peru	32
委内瑞拉	Venezuela	32
玻利维亚	Bolivia	24
厄瓜多尔	Ecuador	16
马达加斯加	Madagascar	16

其他各国均属于未加入亚投行，也未参与"一带一路"国际合作高峰论坛，在 WTO 与 G20 组织中影响力极微，最终得分为零的国家。

参考文献

孔庆峰、董虹蔚：《"一带一路"国家的贸易便利化水平测算与贸易潜力研究》，《国际贸易问题》2015 年第 12 期。

马文秀、乔敏健：《"一带一路"国家投资便利化水平测度与评价》，《河北大学学报》（哲学社会科学版）2016 年第 11 期。

徐雅雯：《上海合作组织贸易投资便利化问题研究》，博士学位论文，东北财经大学，2012 年。

许勤华、蔡林、刘旭：《"一带一路"能源投资政治风险评估》，《国际石油经济》2017 年第 4 期。

许勤华：《改革开放 40 年能源国际合作踏上新征程》，《中国电力企业管理》2018 年第 25 期。

曾铮、周茜：《贸易便利化测评体系及对我国出口的影响》，《国际经贸探索》2008 年第 10 期。

张亚斌、刘俊、李城霖：《丝绸之路经济带贸易便利化

测度及中国贸易潜力》，《财经科学》2016 年第
5 期。

Alberto Portugal-Perez，John S.，"Wilson Export Perform-
ance and Trade Facilitation Reform：Hard and Soft Infra-
structure"，*World Development*，Vol. 40，No. 7，2012.

Ben Shepherd，John S. Wilson，"Trade Facilitation in ASEAN
Member Countries：Measuring Progress and Assessing Priori-
ties"，*Journal of Asian Economics*，Vol. 20，No. 4，2009.

Dai Wensheng，Wu Jui-Yu，Lu Chi-Jie，"Applying Differ-
ent Independent Component Analysis Algorithms and Sup-
port Vector Regression for IT Chain Store Sales Forecas-
ting"，*Scientific World Journal*，2014 – 06 – 05.

Delfim Gomes Neto，Francisco José Veiga，"Financial Glo-
balization，Convergence and Growth：The Role of Foreign
Direct Investment"，*Journal of International Money and
Finance*，Vol. 37，2013.

Jesus Felipe，Utsav Kumar，"The Role of Trade Facilita-
tion in Central Asia"，*Eastern European Economics*，
Vol. 50，No. 4，2012.

Katja Zajc Kejar，"Investment Liberalisation and Firm Se-
lection Process：A Welfare Analysis from a Host-country
Perspective"，*The Journal of International Trade & Eco-
nomic Development*，Vol. 20，No. 3，2011.

Peter J. Buckly, L. Jeremy Clegg, Adam R. Cross, et al. , "The Determinants of Chinese Outward Foreign Direct Investment", *Journal of International Business Studies*, Vol. 38, No. 4, 2007.

Sheng Lu, "Impact of the Trans-Pacific Partnership on China's Textiles and Apparel Exports: A Quantitative Analysis", *The International Trade Journal*, Vol. 29, No. 1.

Shepherd B. and Wilson J. S. , "Trade Facilitation in ASEAN Member Countries: Measuring Progress and Assessing Priorities", *Journal of Aman Economics*, Vol. 20, No. 4, 2009.

Wensheng Dai, Jui-Yu Wu, Chi-JieLu, "Combining Nonlinear Independent Component Analysis and Neural Network for the Prediction of Asian Stock Market Indexes", *Expert Systems with Applications*, 2012 – 04 – 02.

Wensheng Dai, Yuehjen E. Shao, Chi-Jie Lu, "Incorporating Feature Selection Method into Support Vector Regression for Stock Index Forecasting", *Neural Computing and Applications*, 2013 – 02 – 04.

Wilson J. S. , Mann C. L. , Otsukit, "Trade Facilitation and Economic Development", *World Bank Economic Review*, Vol. 17, No. 3, 2003.

戴稳胜，中国人民大学统计学院博士，澳大利亚墨尔本大学精算中心精算学博士后。台湾"中央研究院"统计科学研究所、台湾辅仁大学访问学者。现任中国人民大学财政金融学院教授，博士生导师。中国保险研究所互联网保险研究中心主任，中国人民大学国际货币研究所研究员，金融定量化分析与计算专业委员会委员。主持、参与包括国家自然科学基金、国家社科基金、北京市哲学社会科学基金、中国人民大学明德青年学者计划在内的30多项研究，发表各类专业论文60多篇，出版专著、译著14本。目前研究兴趣为宏观经济、金融与发展、风险管理领域。

罗煜，中国人民大学金融学博士，中国人民大学财政金融学院货币金融系副教授、副系主任，中国人民大学国家发展与战略研究院"一带一路"研究中心副主任。研究领域为货币银行、金融发展、普惠金融。主要讲授的课程是货币金融学、商业银行、互联网金融等。学术成果发表于《经济研究》《管理世界》《金融研究》等刊物，专著、译著多部，并参与了一些在国内外具有一定影响力的政策性研究。曾获第二届"孙冶方金融创新奖"、第八届"黄达—蒙代尔经济学奖"等。